数智化供应链 ②

全链路管理

电商供应链运营实操要领及案例

陈凤霞（Tina Chen）◎著

中国经济出版社
CHINA ECONOMIC PUBLISHING HOUSE
·北京·

图书在版编目（CIP）数据

全链路管理：电商供应链运营实操要领及案例／陈凤霞著．--北京：中国经济出版社，2023.9

ISBN 978-7-5136-7458-4

Ⅰ．①全… Ⅱ．①陈… Ⅲ．①电子商务-供应链管理-运营管理-研究 Ⅳ．①F713.36 ②F252.1

中国国家版本馆 CIP 数据核字（2023）第 168878 号

责任编辑　夏军城
责任印制　马小宾
封面设计　任燕飞

出版发行　中国经济出版社
印 刷 者　河北宝昌佳彩印刷有限公司
经 销 者　各地新华书店
开　　本　710mm×1000mm　1/16
印　　张　14.5
字　　数　215 千字
版　　次　2023 年 9 月第 1 版
印　　次　2023 年 9 月第 1 次
定　　价　68.00 元
广告经营许可证　京西工商广字第 8179 号

中国经济出版社　**网址** www.economyph.com　**社址** 北京市东城区安定门外大街 58 号　**邮编** 100011
本版图书如存在印装质量问题，请与本社销售中心联系调换（联系电话：010-57512564）

自序 Preface

20 世纪以来，制造业的蓬勃发展催生了供应链管理。进入 20 世纪 90 年代后，中国制造业开始繁荣，制造业从需求、供给、采购，到存储、运输，再到各个功能的集成，形成了完整的上下游供应链，供应链管理的重要性日益凸显。

电商供应链，初始主要为仓储物流。2015 年前后，传统供应链管理人员纷纷进入电商领域，逐渐发展了电商的“全链路”或者“全域”供应链管理，形成了完整的电商供应链体系：仓储，运输，配送，制造业和快消行业的需求计划、供给计划，电商特有的生意计划、物流计划、关检务及行业解决方案。

笔者从事制造业供应链和电商供应链管理多年，做过全球供给、生意计划、物流计划、业务拓展、行业解决方案、大促 PM，带领几百人的供应链团队，进行物流相关的数字化系统建设，积累了不少供应链管理方面的实践素材。

基于多年来的实战经验与行业具体案例，提炼出版本书，希望可为选择供应链行业、从事电商供应链和物流管理的朋友，提供一些运营的实操方法和思路。

特别是在供应链和物流“全链路”的“降本、增效、提质”方面，电商卖家通过阅读本书可以知道如何去看店铺的生意质量、货品效率、供应链成本等，对比做得好、做得不好的地方，并加以提升。对于刚起步的仓储物流服务商来说，本书也提供了很多提升仓储物流效率、降本和增收的运营实践案例可供参考。

目录
Contents

第一章　电商供应链的全渠道架构

电商起步至今，十几年来，随着业务体量、国际环境、新技术应用等变化，电商供应链不断升级。

本章以传统供应链为基点，定义电商供应链，将电商供应链分为 6 个模块：生意计划、物流计划、物流仓储、物流运输和配送、物流关检务和行业供应链解决方案。同时，详述每个模块具体做什么以及对应的数字沉淀。

第一节　电商供应链的新概念

一、传统供应链的供需管理

供应链管理于 1982 年被提出（Oliver、Webber，1982），20 世纪 90 年代初期以来其重要性不断上升。供应链管理被定义为“管理供应商和客户的上游、下游关系，以便在最终市场以更低的成本为整个供应链创造更高的价值”（Christopher，1998）。

Sanders（2011）将供应链管理定义为在供应链端对实物流、信息流和资金流的设计与管理。典型的供应链涉及许多不同的合作伙伴：供应商、生产者、批发商/分销商、零售商、顾客。

供应商是供应链的上游；批发商/分销商、零售商和客户是下游。供应链管理的流程如图 1-1 所示。

供应链管理专业委员会（CSCMP，2014）（http：//cscmp. org/about-us/supply-chain-management-definitions）对供应链管理定义如下：供应链管理是对从寻找货源、采购、转换到物流管理涉及的所有活动的规划和管理。重要的是，它还包括与渠道合作伙伴的协调和协作，这些合作伙伴可以是供应商、中间商、第三方服务提供商和客户。从本质上讲，供应链管理整合了企业内部和企业之间的供需管理。

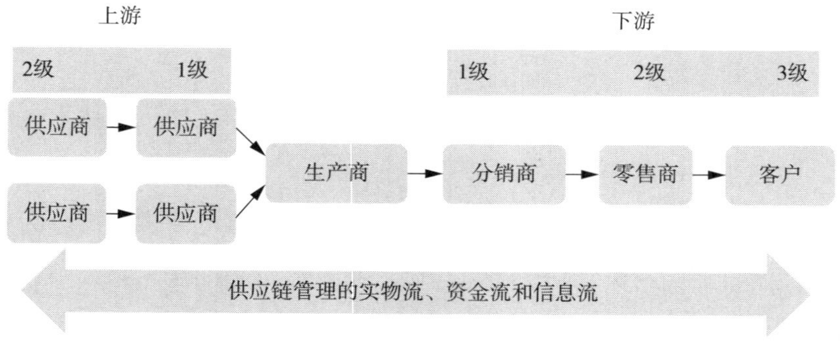

图 1-1　供应链管理的流程

资料来源：SANDERS N R. Supply chain management：A global perspective ［M］. New York：John Wiley & Sons，2011：5.

Treville 等（2004）认为，供应链管理可以解读成一个专注于供应整合的上游链和一个专注于需求整合的下游链（需求链）。

从上面的定义中，我们可以看到，两个关键因素促成了供应链管理：供应和需求。供应链和需求链构成了整个供应链管理，上游是供应链，下游是需求链。Langabeer 等（2001）指出，供应链强调生产和物流过程的效率，需求链强调业务的有效性。

二、传统供应链的 3 个层次和 4 个基础流

3 个层次：运营、规划、策略。

4 个基础流：商业流、实物流、信息流、资金流。

传统供应链通过 4 个基础流，在 3 个层次上，分别对组织内部和组织外部提供竞争优势，包括降低成本、价值创造、差异化客户服务、加强贸易伙伴间的合作、长期投资（Long Term Equity）。具体如下。

在运营层，供应链是沟通的桥梁。在组织外部，与供应商和客户合作；在组织内部，通过不同部门之间的协同，降低运营成本。

在规划层，供应链维系客户期望和供应商上下游的关系。在组织外部，通过更精确的预测缩短供货交期等；在组织内部，通过协同加速新产品导入、主导销售和运营计划（Sales and Operation Planning，S&OP）、定期供需审查等，提供价值创造。

在策略层，供应链共同背负业务增长目标。在组织外部，共同关注公关、合规、品牌形象等；在组织内部，与全球业务策略保持一致，共同提升长期资产价值。

传统供应链的 3 个层次和 4 个基础流如图 1-2 所示。

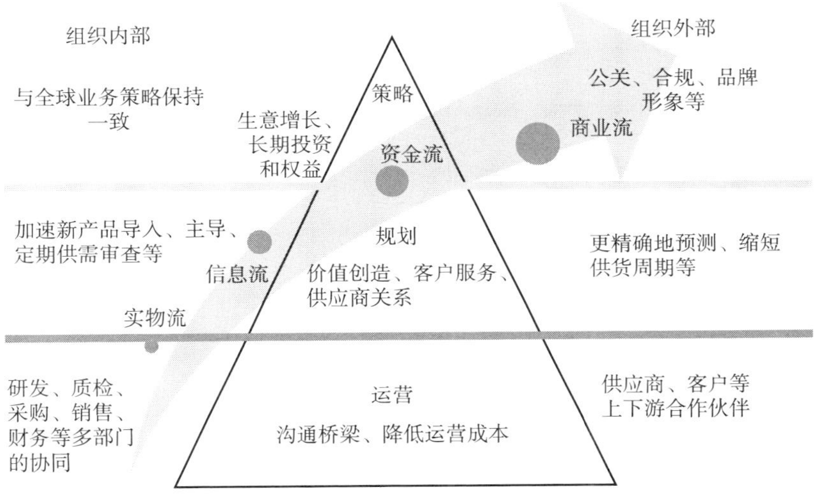

图 1-2　传统供应链的 3 个层次和 4 个基础流

实物流、信息流、资金流、商业流贯穿 3 个层次。商业流“自上而下”，更多从策略层向规划层和运营层传达；资金流需要在策略层和规划层之间连接；实物流更多在于运营层；而信息流既需要上传下达，也需要“自下而上”互通。

三、电商供应链新模式

制造业或者传统行业的供应链部门，一般指计划供应链，计划分为需求计划和供应计划，物流和采购等部门是分开的。

从这几年的实操来看，电商供应链可以分为狭义电商供应链和广义电商供应链。

- 狭义的电商供应链，指计划供应链，包括生意计划和物流计划。
- 广义的电商供应链包括 6 个模块：生意计划、物流计划、物流仓储、物流运输和配送、物流关检务、行业供应链解决方案。广义的电商供应链 6 个模块如图 1-3 所示。

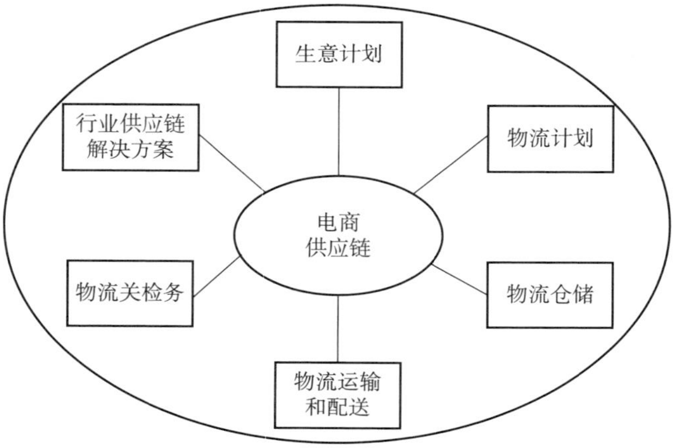

图 1-3　广义的电商供应链 6 个模块

结合传统供应链的概念和电商供应链实操，笔者对电商供应链做出如下定义。

电商供应链涵盖了计划供应链（生意计划、物流计划）、物流供应链（物流仓储、物流运输和配送、物流关检务）和行业供应链解决方案。从更好的消费者体验、卖家利益最大化出发，电商生态链上下游（包括货物制造商、货物供应商、物流服务商、信息服务供应商、资金服务提供商、平台、卖家和消费者）要进行实物流、信息流的传递。同时，在平台与合作伙伴之间进行商业流和资金流的交换，实现最大可能的供需平衡、商业价值流转。相对传统供应链，电商供应链有更强大的技术和数字化工具，通过共享供应链和物流网络、技术和数据，提供全链路共性和定制化的行业解决方案，在协同效应下实现社会资源最优分配和循环。电商供应链社会资源的协同如图 1-4 所示。

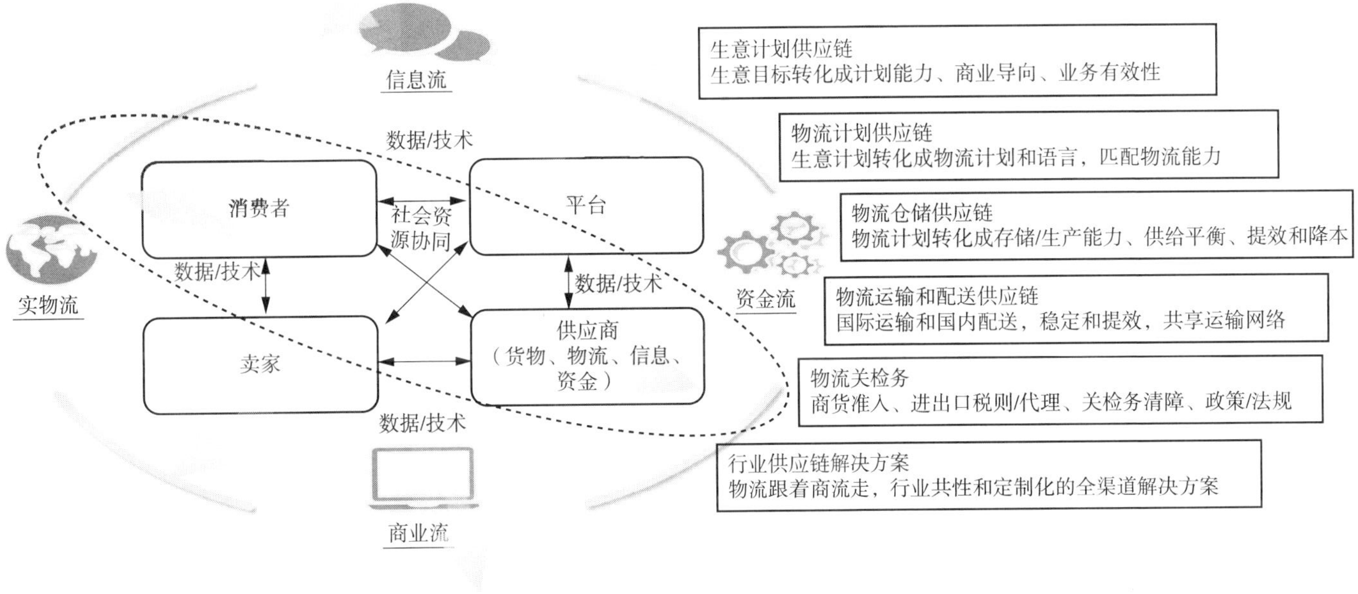

图1-4 电商供应链社会资源的协同

第二节　电商供应链做什么

电商供应链6个模块可以分别归类于计划供应链（生意计划、物流计划）、物流供应链（物流仓储管理、物流运输和配送、物流关检务）和行业供应链解决方案（行业共性方案、行业定制方案），如图1-5所示。本章接下来按这个顺序分别讲每个模块做什么及数字沉淀。

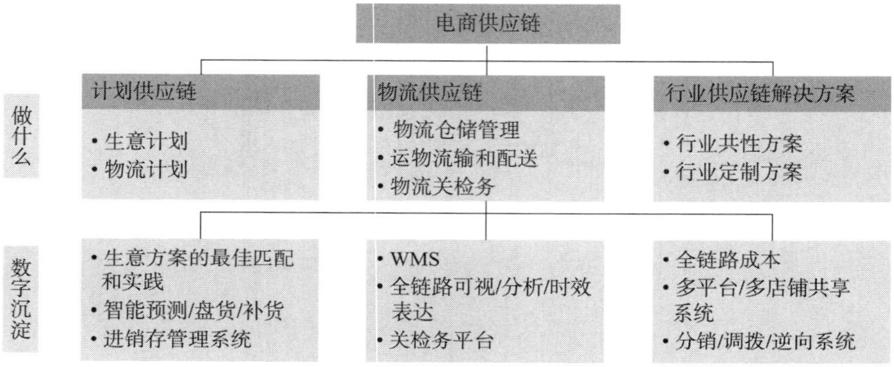

图1-5　电商供应链的模块与框架

除了"做什么"，相对于传统供应链，电商供应链拥有更强大的技术和数字化工具，可以在生态链共享供应链和物流网络、技术与数据，故还涉及"数字沉淀"。

需特别说明的是，逆向物流若放入行业供应链解决方案，在跨境模式下是一件很复杂的事情，涉及配送/仓储/海关，可以单独放在一个模块。

一、生意计划供应链：库存是过程，效率是结果

生意计划供应链是把生意目标转化成计划能力的过程，其过程核心是"库存"，可以说，没有库存就没有计划。库存是资产还是负债，其结果核心是货品转化成生意的"效率"。作为前端（市场/营销/行业）和后端（物流）的中间链接，计划供应链负担"生意"目标结果。生意计划供应

链不是供给，更多是需求，是生意的“需求链”。同时，它又连接了生意和物流，需要进行上下游供需的平衡匹配。

生意计划供应链要以商业目标为导向，对货品效率负责，对业务的有效性负责。电商生意计划供应链做什么及数字沉淀如图 1-6 所示。

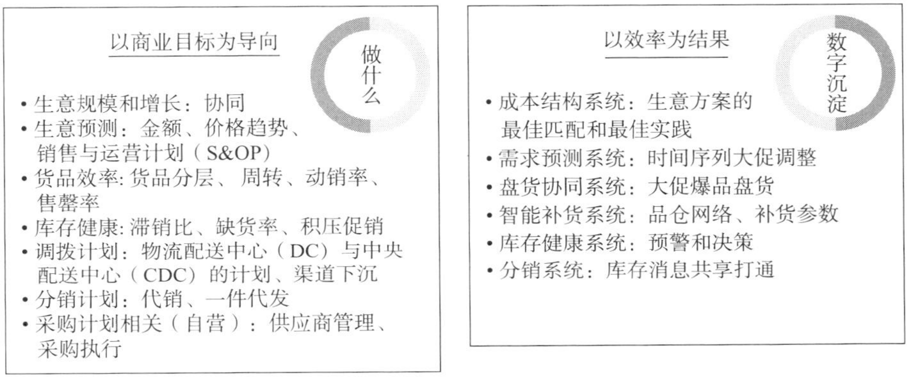

图 1-6　电商生意计划供应链做什么及数字沉淀

做什么。主导定期的 S&OP、更精准的生意预测；负责相关调拨计划、分销计划与采购计划（仅自营）；保证货品效率与库存健康；与行业/市场/营销协同，让生意保持增长并维持一定规模。

数字沉淀。包括与生意方案最匹配的成本结构和对比；需求预测和大促盘货系统；智能补货和库存健康管理；分销系统；等等。

二、物流计划供应链：生意计划到物流计划的准确性

物流计划供应链既是计划供应链的一部分，又是物流供应链的一部分。生意计划供应链把生意目标转化成计划能力，而物流计划供应链进一步把生意计划能力转换成物流语言和物流能力。

物流计划供应链是需求的接受者、链接者和转化者。过程中一定会有反复的讨论、争论和调整。物流能力的准备是交给仓储、运输、配送、解决方案供应链的。物流计划供应链和生意计划供应链一样，更多的不是供给，而是需求，是物流的“需求链”。

物流计划供应链很重要，它连接了生意计划与物流供应链的仓储、运

输、配送和关检务环节；同时，行业供应链和物流解决方案需要物流计划供应链的输入。物流能力准备、消费者物流体验、物流成本都与物流计划准确率强相关，如图 1-7 所示。

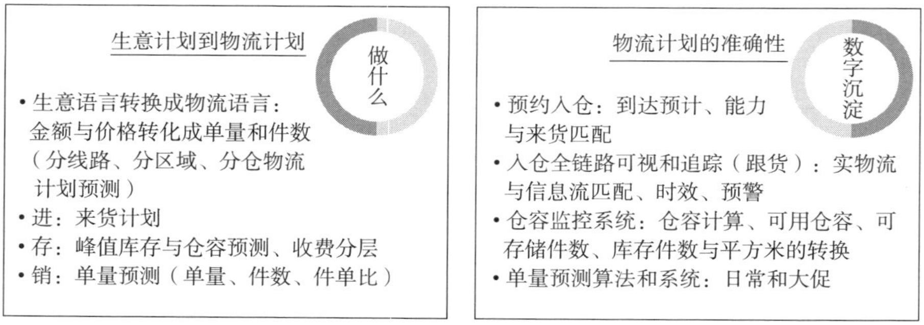

图 1-7　电商物流计划供应链要做什么及数字沉淀

做什么。主要包括物流进、存、销三大模块。进，就是制定来货计划，特别是大促期间要按天、按周确定需要多少个柜子、准备多少件货，让仓库做好收货能力准备。存，就是制定库存计划，确认需要多少仓容承接，大促期间要提前规划好仓容；通过货品分层机制、收费分层机制等与计划供应链一起促进库存良好运转。销，就是做好单量、件数、件单比等预测，用于规划仓库出库产品和末端配送能力。

数字沉淀。包括预约入仓：到达预计，能力与来货进行匹配；入仓全链路可视和追踪（跟货）：实物流与信息流匹配、时效、预警；仓容监控系统；日常和大促的单量预测算法和系统。

三、物流仓储管理：仓储规划和仓储运营

仓储供应链管理包括仓储规划和仓储运营。物流计划供应链是需求的接受者、连接者和转化者，而物流仓储管理是生产者；物流计划是需求方，物流仓储是供给方。

物流仓储供应链要看供给能否满足需求，产能是过剩还是不足。产能过剩会导致成本浪费，不足又无法匹配生意能力和需求。需求端总是不稳定，特别是经过电商接二连三的大促和直播，需要通过仓储管理进行平

衡。电商的物流仓储管理要做什么及数字沉淀如图 1-8 所示。

做什么

物流跟着商流走

仓储规划
- 仓网管理：选址、拿地、仓库定位（中心仓/下沉仓）
- 仓储模式：包仓、公共仓、品类仓、直播仓、恒温恒湿冷链仓规划
- 仓容规划：货架管理、区域、消防/防火
- 产能规划：产线管理，排兵布阵
- 货物仓储保险

仓储运营
- 货品信息管理和维护：尺寸、重量、效期
- 仓容精细化：填充率、转化率
- 效期/批次库存管理：强弱管控、库存盘点、先/后进先/后出
- 包材管理：预包、礼盒等
- 入库管理：到仓、收货、理货、上架
- 出库管理：截单时间/仓配交接
- 收费分层：增值服务

数字沉淀

物流系统能力与商业能力匹配

- 仓容计算模型：参数标准化和定制化、不同类型仓库模型
- 仓容监控：爆仓与空置监控、仓容成本管理
- 货品中心：商品基础信息和物流属性在系统精确维护
- 效期管理系统：效期与批次、临期预警与下架
- 组合货品：组合货品库位与销售打通
- 预包模型：预包后SKU与库位系统管理
- 自动化扫描：分拣、拨次、打包、自动称重等
- 成本管理：账单、增值费用自动收费计算等

图 1-8 电商物流仓储管理要做什么及数字沉淀

做什么。①仓储规划。仓网管理，包括选址、拿地、仓库定位（中心仓/下沉仓）；仓储模式，包括包仓、公共仓、品类仓、直播仓、恒温恒湿冷链仓规划。仓容规划，包括确定是高位、轻型还是重型货架，货架要搭几层，能否满足消防安全需求等。产能规划，要招多少个工人，是固定工还是临时工，产线要搭几条，如何在大促时增加产能，日常又能灵活撤出避免成本浪费。还有货物仓储保险等。②仓储运营。仓储管理最需要日常的精细化运营。货品信息管理和维护，包括明确尺寸、重量、效期等。仓容精细化，包括提升托盘填充率、托盘与面积的转化率。效期/批次库存管理，包括如何分行业进行强弱管控，货品定期盘点、下架和通知。包材管理，包括预包和礼盒管理。入库管理，包括到仓、收货、理货、上架节点的维护。出库管理，包括出库的截单时间、仓配交接等。还有各种增值服务，如全检、加固包装等。

数字沉淀。仓储管理的沉淀是一套仓储管理（Warehouse Management System，WMS）系统，包括仓容计算模型、仓客监控、货品中心、效期管理系统、组合货品、预包模型、自动化扫描、成本管理等。

四、物流运输：B2B 运输和 B2C 配送

配送也是运输的一部分，只是在电商语言里，运输通常指 B2B 的运输，包括国际链路门到门运输服务（始发地的提货、国际干线，目的地港到仓的运输）和国内调拨运输。配送指 B2C 的运输，即送到消费者手上的末端配送，也就是我们常说的快递服务。电商物流运输与配送要做什么及数字沉淀如图 1-9 所示。

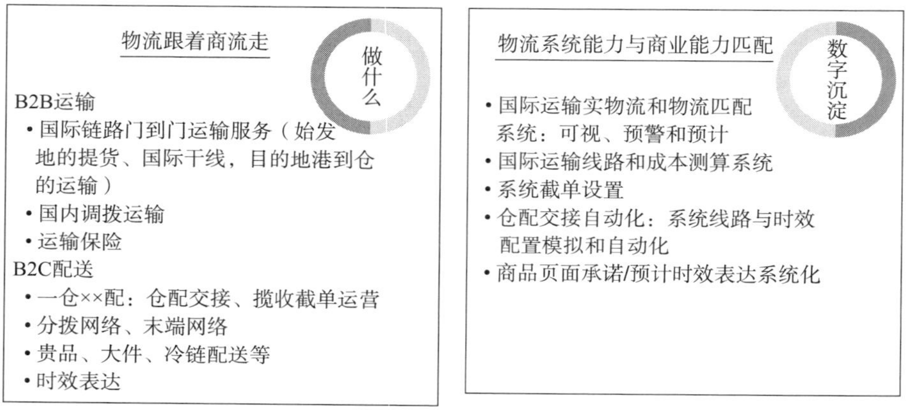

图 1-9　电商物流运输与配送要做什么及数字沉淀

做什么。①B2B 运输。国际链路门到门运输服务（始发地的提货、国际干线，目的地港到仓的运输）、国内调拨运输、运输保险等。②B2C 配送。一仓××配，一个仓库要承接多少家快递合适，是否需要承接贵品、大件、冷链等特殊品的配送。仓配交接，是指订单打包后，仓库负责出库，快递人员需到仓库来揽收，不仅需要有专门的交接区域，还有交接时效的要求。揽收截单运营，是指在有时效要求的时候，比如，现在电商 App 下单页面都会显示“××点前下单，预计/承诺××时间送达”，这个“××点前下单”就是截单时间。页面显示的是消费者下单的截单时间，而对于仓库出库和仓配交接来说，截单时间还需要后置。分拨网络、末端网络，是指包裹最终配送至消费者手上之前，要经过分拨中心和末端网络，这些环节都有时效和流程要求。贵品、大件、冷链配送的时效表达，不仅需要仓和

配的协同，还要有物流计划供应链作为第三者协同一个快速并且可实现的时效。

数字沉淀。国际运输实物流和物流匹配系统，包括可视、预警和预计；国际运输线路和成本测算系统；系统截单设置；仓配交接自动化，包括系统线路与时效配置模拟和自动化；商品页面承诺或预计时效表达系统化。

不管是物流仓储，还是运输和配送，都是物流跟着商流走，即先有商业逻辑再有物流能力和方案的设计，物流系统能力必须与商业逻辑和能力匹配。

五、物流关检务：商流物流跟着政策走

关检务包括海关、各检查机关，有总署机构和地方机构。虽然关检务不是供应链的一部分，但是与供应链有着千丝万缕的联系且强相关。仓储物流、运输配送是物流跟着商流走，而商流又要跟着关检务政策、税则走，即商业规划要与关检务匹配。特别是跨境电商，与关检务息息相关，在一定程度上受惠或者受制于政策。商/货品的准入、合规、禁限运，哪些能做、哪些不能做，哪里做，以哪种方式做，能做多少等，都与关检务相关。

关检务较复杂，这里只讨论商/货品准入和备案、政策和合规。电商物流关检务要做什么及数字沉淀如图 1-10 所示。

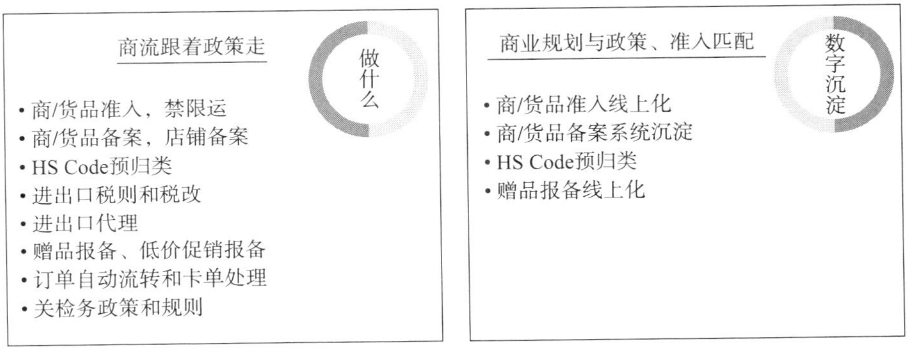

图 1-10 电商物流关检务要做什么及数字沉淀

做什么。①商/货品准入和备案。商/货品准入和禁限运，区域或者线路不同。商/货品备案和店铺备案，能入的商品、品牌、店铺都需要提前向海关备案，待备案通过后才可以进入。HS Code 预归类，海关、商品出入境管理机构一般都按照 HS Code 对商品进行分类管理，预归类后可以提前对品类进行准入判断和税费计算。进出口代理，有些中小卖家没有进出口资质，或者需要认证（FDA 等），则需要进口代（Importer Of Record，IOR）。②政策和合规。进出口税则和税改，各品类首先会有一个大的税则框架，有时候突然会对进出口关税进行变更。跨境电商模式下的赠品报备和低价促销报备，赠品是指 0 元赠品、低价促销如 1 元秒杀等，跨境商品要提前向海关报备，否则有涉嫌逃税漏税风险。订单自动流转和卡单处理，所有跨境 B2C 订单都需要进入海关系统清关，大批量订单无法进行人工处理的，需要与海关系统对接自动流转，特别是大促期间因为订单量过大，系统限流可能会出现卡单等情况。关检务政策和规则，基于国家商品进出口相关政策，地方可能有具体规定等，这需要关检务专业人员进行对接。对于政策的变化，企业需要及时同步到各上下游和内外部合作方，并做出相应的调整。

数字沉淀。通过商/货品准入线上化、商/货品备案系统沉淀、HS Code 预归类、赠品报备线上化这些线上化的沉淀，系统可以自动对商业流做出判断并确保商业行为符合政策规范。

六、供应链解决方案：全行业和特定行业

供应链解决方案，既可以是全链路和全方面的一个打包方案，也可以是大的贸易和链路方案，还可以只解决小的痛点。它是根据行业共性或者不同行业个性定制的解决方案。落地和执行解决方案，不仅可让卖家在单平台卖得好、赚得多，让消费者得到实惠，还可以让上下游各合作方在多平台共享供应链及物流网络和资源。电商行业供应链解决方案要做什么及数字沉淀如图 1-11 所示。

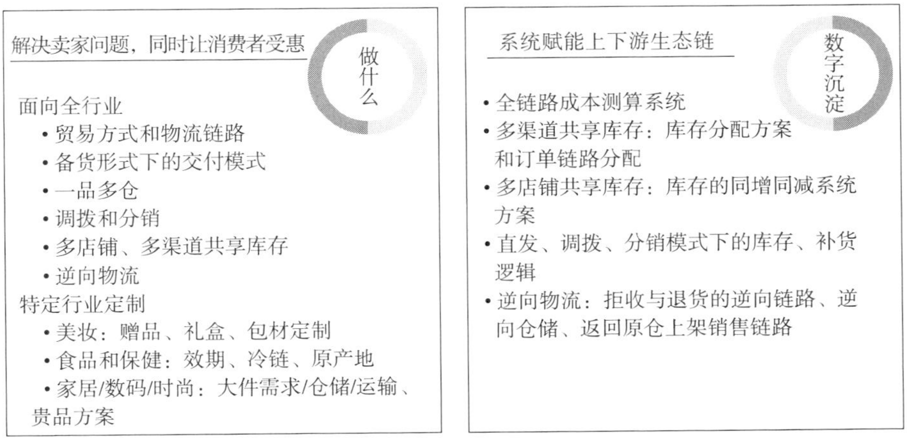

图 1-11　电商行业供应链解决方案要做什么及数字沉淀

做什么。①面向全行业的解决方案。贸易方式和物流链路，备货形式下的交付模式，一品多仓，调拨和分销，多店铺、多渠道共享库存，逆向物流，等等。②特定行业定制的解决方案。美妆：赠品、礼盒、包材定制。食品和保健：效期、冷链、原产地。家居/数码/时尚：大件需求/仓储/运输、贵品方案。

数字沉淀。全链路成本测算系统；多渠道共享库存，库存分配方案和订单链路分配方案；多店铺共享库存，库存的同增同减系统方案，直发、调拨、分销模式下的库存、补货逻辑；逆向物流，拒收与退货的逆向链路、逆向仓储、返回原仓上架销售链路。

第二章　电商供应链的 OKR 与 KPI

第一节　电商供应链 OKR 与 KPI

一、OKR 与 KPI

OKR，即 Objective & Key Results，意思是目标与关键结果。

KPI，即 Key Performance Indicator，意思是关键绩效指标。

KPI 是一个数字化结果，OKR 除了数字结果外还强调实现的路径和过程拆解。OKR 中的 Objective（结果）其实就是 KPI；同时，OKR 中的“KR”将“O”拆解成了分阶段的具体行动和结果，让 KPI 有了执行力和落地计划。

二、供应链的基础、核心及示例

电商供应链的落地离不开传统供应链的逻辑和思维支撑，同时在很多方面已有沉淀。

从制造业到电商供应链，必须基于可以落地的实操规则，这是供应链职能团队必须关注的东西。KPI 就是供应链的基础和核心。

供应链全链路都有一些行业约定俗成的指标。但不管是计划还是物流供应链，这些数字指标都不是凭空实现的，需要通过解决方案落地和实现，于是就有了 OKR。因此，行业供应链解决方案没有约定俗成的 KPI，更多通过 OKR 体现。

以下以供应链为例，说明 KPI 与 OKP 的联系和区别，以及如何落地。

示例：提升计划供应链的库存周转

KPI：年底前整体周转天数从120天降到90天，明确具体品类需要降低的天数。

Objective：用半年的时间，即到2022年12月31日前将全品类周转天数从120天降低到90天。

KR1（关键结果1）：控制补货数量。从2022年6月1日开始，库存周转天数超过90天的老品补货不予审核；新品补货与行业/销售人员确认。每个月底，分析补货趋势和周转。

KR2（关键结果2）：滞销品清仓。2022年6月25日前确认清仓专属坑位，发布清仓品促销折扣和参与规则；2022年7月1日开始，每周××个品类××个SKU（SKU=Stock Keeping Units，最小存货单位）参加清仓。分析和同步每周/月清仓效果。

KR3（关键结果3）：打通分销。2022年7月1日前，分销系统上线；2022年7月15日，××个店铺分销成功；2022年8月1日开始，全域分销。

因为降低周转天数是一个比较大的目标，所以每个KR可以往下拆分为更细的OKR。但是，不管OKR或者KPI是大还是小，设定原则如下。

O就是KPI的设定原则，主要有2个：有时间限制、有数字可衡量。

KR的设定主要原则有4个：有动作的截止时间或者时间频率、有具体的行动、每个行动有数字跟随、KR最好不超过3个。

需要特别说明的是：虽然电商供应链的每个模块都有要做的事情和KPI，但所有的模块都不是孤岛，整个链条是关联的，共享KPI。比如，生意计划供应链的KPI不佳，有可能是因为物流没有做好，或者行业解决方案的设计不符合客户需求；而物流KPI达成不好，也与生意的策略和达成紧密关联。

第二节　电商生意计划供应链的KPI

生意计划供应链的KPI分四大部分：货品效率（Product Efficiency）、生意质量（Business Quality）、生意规模（Business Growth）、计划和预测

(Planning and Forecasting)。每个指标都有一些数据可供参考，在日常运营中，可以用交通灯模型来表现，表 2-1 概括了电商生意计划供应链的 KPI。数字衡量的标准不绝对，可根据不同行业、业务模式、业务规模、业务发展阶段、竞争战略等，设定不同的值。

表 2-1 电商生意计划供应链的 KPI

KPI 模块	具体 KPI	衡量交通灯			必须看	备注
		绿	黄	红		
1. 货品效率	库存周转天数/天	≤90	>90 且≤120	>120	√	以海外仓为例
	动销率	≥75%	<75%且≥50%	<50%		
	滞销比	≤20%	>20%且≤35%	>35%		
2. 生意质量	缺货率	≤5%	>5%且≤15%	>15%	√	
	长尾品库存占比	≤80%	>80%或且 90%	>90%		
	物流费率	暂无	暂无	暂无		
3. 生意规模	增长和规模	无标准	无标准	无标准		
	生意达成率	无标准	无标准	无标准	√	
4. 计划和预测	S&OP 预测准确率	≥90%	<90%且≥80%	<80%	√	日常
	大促备货满足率	≥100%	<100%且≥90%	<90%		大促
	大促售罄率	≥40%且≤60%	>60%	<40%	√	大促

一、货品效率：周转、动销、滞销

生意计划供应链的过程核心为“库存”，结果核心是“效率”。没有库存生意计划供应链就没有存在必要。如果是直邮的话，直接交给物流供应链做仓储、运输、配送、关检务解决方案就可以了。衡量货品效率有 3 个核心指标，在精细化运营情况下，3 个核心指标还要分别衡量不同品类和 ABC 商品分层下的表现。

（一）库存周转率（天数）或者 DOI

ITO，即 Inventory Turn Over，意思是库存周转；DOI，即 Days of Inventory，意思是库存可售天数。

- 库存周转率＝一定时期的销售件数/平均存货件数
- 库存周转天数＝一定时期对应的天数/库存周转率

- DOI=可售库存/未来日均销量或者（可售库存+在途库存）/未来日均销量

库存周转是衡量货品效率最重要的指标，每个行业的平均值不同。以跨境出海备货海外仓为例，整体 90 天是比较健康的。

（二）动销率

动销率（Moving Rate），分 SKU 的动销率、SKU 对应的库存动销率两种。如果以月度衡量的话：

- SKU 的动销率=有销售的 SKU 数/月底有库存或者本月有销售的 SKU 数
- 库存动销率=有销售的 SKU 对应的可售库存件数/月底所有可售库存件数

动销率多少合适？有库存的情况下，应假设入仓的都是好品，都是卖得动的品，这个数字应该在 75%以上。

（三）滞销比

滞销库存（Slow Moving Inventory，SMI），一般结合库龄和 DOI 或者周转天数来计算，超过库龄标准和超过 DOI 特定天数的库存即定义为 SMI。不同业务模式库龄和 DOI 标准不同。比如，在线超市类，库龄和 DOI 的标准可能为 15 天，而在海外仓模式下，库龄和 DOI 的标准可能分别为 60 天与 90 天。

甚至在业务的不同发展阶段也不一样，和企业的竞争战略相关。在初期的业务增长阶段，需要大规模备货，实施的是高毛利低周转的差异化战略，可以把标准再降低（即库龄和 DOI 延长）；但是到了业务成熟或者下行阶段，毛利低了，就要加快货品周转，提高标准（也就是缩短库龄和 DOI）。

- 滞销比=月底 SMI/月底可售库存

如果滞销比超过 35%，说明 SMI 已经很高。

衡量货品效率时如果只看一个指标，应选择库存周转率/天数。

二、生意质量：缺货率、长尾品

电商行业不仅要做商品交易总额（Gross Merchandise Volume，GMV），还要做有质量的 GMV，即生意质量。货品效率也是生意质量的一部分，如滞销比可以同时归类为货品效率和生意质量。和货品效率一样，在精细化运营阶段，需要分品类和商品 ABC 分层来看生意质量。

（一）缺货率

缺货率（Out of Stock，OOS），分为完全缺货（商品在销售期间完全没货）和部分缺货（商品销售期间，特别是大促期间断货）。缺货率可以从 SKU 维度、件数、金额三个方面来看。

- SKU 的 OOS = 当天（特定时期）缺货的 SKU 数/有库存或者有销售的 SKU 数
- 件数的 OOS = 当天（特定时期）缺货 SKU 造成的销售件数损失/预计无缺货的销售总件数
- 金额的 OOS = 当天（特定时期）缺货 SKU 造成的销售金额损失/预计无缺货的销售总金额

件数的 OOS 和金额的 OOS 可以精确衡量缺货造成的损失，但是预计无缺货的销售总件数或者销售总金额需要预计或者模拟，而现实情况是无法精确模拟的，故常用的是 SKU 的 OOS。比较理想的 SKU 的 OOS 是爆品一般不高于 5%，其他头部品和腰部品在 10%左右。不过现实情况是爆品容易断货，腰部品和长尾品一般有充足的库存。

（二）长尾品库存占比

遵循“20/80”原则，即 20%的 SKU 占 80%的销售额，同时要看尾部品种 20%销售金额的 SKU 数占比和对应的库存占比。

长尾 SKU 数占比 = 20%贡献尾部品种销售金额或者销售件数的 SKU 数（含不动销 SKU）/月底有库存或者本月有销售的 SKU 数

长尾 SKU 库存占比 = 20%贡献尾部品种销售金额或者销售件数的 SKU（含不动销 SKU）对应的库存件数/月底所有可售库存件数

低于 80%是健康的，超过 90%则不利。长尾品库存占比和滞销比一样，和业务发展阶段以及企业战略相关。

衡量生意质量时如果只看一个指标，那就选择 OOS。

三、生意规模：增长率、达成率

从严格意义上说，生意规模不是生意计划供应链的 KPI，更多是行业、市场、销售的 KPI。但是，商业的本质是逐利，生意计划供应链背负着生意增长和规模的 KPI。

- 生意增长和规模。生意增长和规模是指成交金额、销售件数、订单量，包括整体、分区、业务线的订单量，同比和环比的增长比例，竞争对手情况等。
- 生意计划达成率。比如，生意预计达 100 亿元，实际做成了多少。

如亚当·斯密所言，我们每天之所以能够吃上晚饭，不是因为屠夫、不是因为酿酒商，他们爱我们、他们慈善，而是因为他们自私自利、他们要追逐利益。每当我们跟他们做生意的时候，我们不说自己需要什么，而是说他们需要什么。但是，亚当·斯密又说，人们也有同情心，他把他认为的别人幸不幸福，当作自己幸不幸福的一部分：你幸福，我幸福；你痛苦，我也感到痛苦。商业市场连接了每个人，商业的本质是逐利，但商业也是最大的慈善。

四、计划和预测：准确率、满足率、售罄率

货品效率、生意质量、生意规模都是结果指标，计划和预测是过程指标。在粗放运营阶段，可能不需要精准的计划和预测。但是在精细化运营阶段，计划做得好不好、预测准不准，直接影响货品效率和物流成本，与规模增长也有较大关联。

生意计划供应链与物流计划供应链都要做计划和预测。前者偏向于制定 GMV 相关计划，后者要把 GMV 计划转化成物流预测，如单量。

（一）日常和大促金额预测准确率

日常和大促金额预测准确率，要求生意计划供应链须和行业、营销、活

动、流量协同，预测 GMV 的变化和趋势，是和生意端多个部门共享的 KPI。

- 日常或大促销售金额预测准确率 = 1 -（预测金额 - 实际金额）的绝对值/实际金额

或者

- 日常或大促销售金额预测达成率 = 实际金额/预测金额

日常或大促销售金额预测达成率多少合理，要看生意规模。比如，50 亿元的生意规模，1%的差距就是 500 万元，达到 98%以上都不为过。因为，生意金额计划要转化成物流单量计划，再转化成仓储规模、仓容面积、仓库设施和人员的生产计划，预测准确率与物流成本息息相关。

计划和预测的精确度或者说准确率，可以用达成率来表示。从生意金额的角度更多讲达成率，从计划供应链的角度更多讲准确率。达成率与预测准确率虽然相关，结果有时候也相同或者接近，但计算公式不同，达成率可能超过 100%，而预测准确率不会超过 100%。

- 准确率 = 1 -（计划金额 - 实际金额）的绝对值/实际金额
- 达成率 = 实际金额/计划金额

（二）大促备货满足率

大促备货满足率一般只在大促前衡量，是指预计大促前的库存件数能否满足 GMV 需要的库存件数。

- 大促备货满足率 = 大促前的预计库存/盘货需要的库存

不仅要看整体大盘的备货满足率有没有问题，还要具体看品类、店铺、商品 ABC 分层、爆品的 SKU 维度的备货满足率，衡量标准是≥100%，特别要针对爆品 SKU，以防大促后缺货。

（三）大促后的售罄率

售罄率一般只在大促后衡量，是指大促备货卖掉了多少。

- 在有预售情况下：大促后的售罄率 = 大促期间的货品销售件数/大促前的良品库存件数
- 在无预售情况下：大促后的售罄率 = 大促期间的货品销售件数/大促前的可售货品库存件数

在有预售的情况下，预售订单占用了库存，因而需从可售库存中减去。

如果是跨境电商，考虑到国际物流的时间，且后续有大促和日销，售罄率为40%~60%比较合理。如果低于这个值，则说明库存备多了；如果高于这个值，接下来的日销就有断货的风险。

在精细化运营阶段：要同时关注日常和大促金额预测准确率、大促后的售罄率。在粗放运营阶段，关注日常和大促金额预测准确率即可。

第三节　电商物流计划供应链的 KPI

物流计划供应链的 KPI 主要有：计划和预测、生意质量、物流生意规模。与生意计划供应链不同的是，物流计划供应链各指标没有行业衡量标准，可以根据业务发展阶段和业务规模制定。

计划和预测的准确率是计划供应链（生意计划供应链+物流计划供应链）所独有，而生意质量与物流生意规模两个 KPI 为整个供应链全链路所共享。图 2-1 概括了电商物流计划供应链的 KPI。

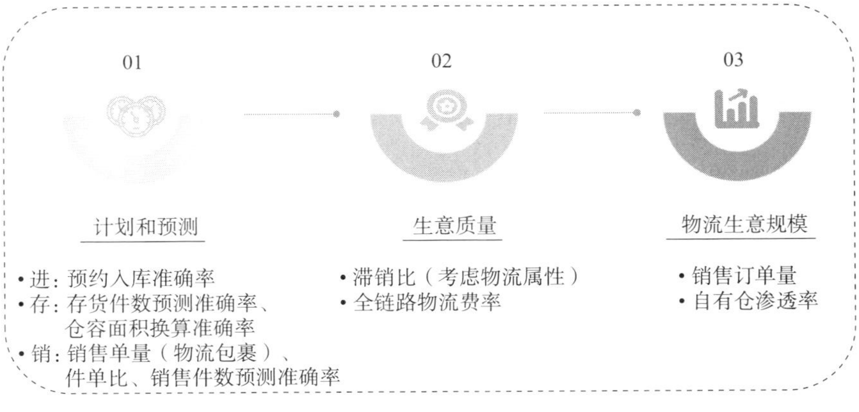

图 2-1　电商物流计划供应链的 KPI

一、计划和预测的准确率：进、销、存管理

生意计划供应链与物流计划供应链都要计划和预测。前者，偏重于对

GMV或者是成交金额达成的预测；后者，则是衡量生意计划与物流计划的转化能力，包括件数、包裹数、件单比、仓容面积等的计划和预测，关联的是后端物流仓储、配送、运输、关检务能力的准备，以及物流成本和消费者体验。物流计划供应链的预测准确率非常重要，关系到物流全链路的两个最重要指标——时效和成本。

可从物流计划供应链的“进、存、销”来计划和预测。

（一）进：预约入库准确率

衡量预约入库精确率的两个指标，一是时间，二是数量。其是指入库预计到达的时间和数量与实际情况的匹配度。

- 特定时间的预约入库准确率=1-（预约数量-实际数量）的绝对值/实际数量

特定时间可以按天、周来衡量。在精细化运营阶段适逢大促，需要以天安排仓库的收货。在粗放阶段或者非大促时期，可以周来衡量。

（二）存：存货件数预测准确率、仓容面积换算准确率

- 存货件数预测准确率=1-（预测到仓件数-实际到仓件数）的绝对值/实际到仓件数
- 仓容面积（货架数量）的预测准确率=1-（预测需要的仓容面积-实际使用的仓容面积）的绝对值/实际使用的仓容面积

在时间维度上，不需要精确到天或者周，至多精确到月库存峰值（最大值）；在大促期间，则要计算大促前夕的峰值库存，以及大促之后的最低库存（峰值库存-销售件数预计），并根据库存峰值和最低库存确定需要的仓容面积。

（三）销：销售单量（物流包裹）、件单比、销售件数预测准确率

当不需要拆单（比如，一笔订单货量过大超出最大装箱尺寸，则需拆单），或者不需要合单（比如，同一个消费者在很短的时间内，在同一家店铺下了两笔订单，则有可能合单）时，销售单量=物流包裹。当出现拆单或者合单时，销售单量≠物流包裹。

件单比，即一个订单包含多少件货物。件单比和品类相关，如女装类件单比比家具类要高，且可能高出很多；生意端的策略，如满减、包邮等优惠活动也会影响件单比。为什么物流要算件单比？因为这既会影响后端的拣货效率和打包操作时效，也会影响前端的定价策略。

销售件数=销售单量×件单比

从物流端来看，先有销售件数预测，后有件单比，再用销售件数除以件单比得出销售单量；或者用 GMV 除以笔单价得出单量。

- 单量或件数的预测准确率=1-（预测单量或件数-实际单量或件数）的绝对值/实际单量或件数

衡量计划和预测的准确率时，若只看一个最重要的值，则选择销售单量的预测准确率。

那么，预测准确率多少合适呢?

一是看从哪个维度衡量。如果要精确到 SKU 维度的加权平均，只看爆品和浅爆品（长尾品一般不看 SKU 维度）。目前，行业的平均水平做到70%已算很不错；若精确到个别超爆品 SKU，经过盘货和流量协同，可以做到 90%以上。

二是看量级。若为了对物流能力做准备的话，只需要精确到整体、分仓、分品类（特殊品）的大数即可。笔者之前做过上亿件商品支持几十亿 GMV 的备货，单量或件数预测准确率可以达到 98%以上甚至接近 100%。如果只有几百万件备货的话，准确率则不用这么高。以 1 亿件备货为例，1%的差距就是 100 万件，刚性很大。因此，物流计划供应链的预测准确率 KPI 值，不像生意计划供应链那样，每个指标都有一个红/黄/绿灯的值，主要取决于对后端物流时效和成本的影响有多大。

二、货品效率：滞销比、物流费率

生意计划供应链和物流计划供应链都要看货品效率，前者偏向于商品属性，后者偏向于物流属性。

（一）滞销比

滞销比=月底 SMI/月底可售库存

相比生意计划供应链，物流计划供应链对滞销比要求更细，要结合物流属性（如大件、中件、小件）。因为从物流的角度来看，大件的滞销比中件和小件的滞销更糟糕，原因是大件更占仓容。

（二）物流费率

- 物流费率 = 物流费用占比 =（进、存、销的物流费用+其他物流费用）/销售单价 =［进（和运输相关的费用含清关杂费等）+存（仓储费）+销（订单处理费和末端配送费）+其他（特殊商品的增值费用、滞销库存销毁、逆向费用等）］/销售单价

为什么物流费率会成为物流计划供应链的 KPI 呢？因为物流计划供应链需要连接所有部门进行定价，计划和预测的准确率会影响物流成本。同时，生意计划供应链需要关注物流费率，特别是平台电商，因为生意策略也影响物流费用。比如，为了降低 SMI 加快周转，可能会对高周转的商品收取更高的仓储费，物流费用会随之上升。

物流费用占比多少合适呢？这没有绝对的标准，因为各种商品的毛利不尽相同。比如，同样是水，依云和农夫山泉物流费用不会相差多少，但是物流费率有很大不同。有些昂贵的美妆类商品像口红、眼霜等，物流费率相对很低，而一些相对便宜的中、大件商品，占用体积大，运输费、仓储费和操作费很高，物流费率也高。

需要注意的是，对于跨境电商的税费，很多人也核算到物流费用中。其实，这是不应该的，因为物流控制不了税收，税收和政策法规相关。

三、物流生意规模：订单量、渗透率

物流计划供应链和物流仓储、运输、配送、关检务及解决方案团队要共同背负物流生意规模的 KPI。

（一）销售订单量

- 单量增长和规模。单量增长和规模包括整体、分区、分业务线的订单量，同比和环比的增长比例，竞争对手情况等。
- 单量计划达成率。比如，预计成交 5000 万单，实际完成了多少。

（二）自有仓渗透率

仓储是电商物流业务很大的一块，大的电商平台都在自建仓，一些电商大卖家也自己做仓。为什么呢？因为自有物流和自建仓虽然可能不盈利，但是很重要。生意是前端，物流是后端；有了物流，就控制了大后端，就能改善消费者体验。新型冠状病毒感染疫情期间，物流的作用凸显，没有物流社会资源都流动不了。

对于平台型电商来说，不管是自营业务还是平台业务，都要尽量使用自有或者自建物流，包括自有仓。

- 自有仓渗透率=使用自有物流的订单量/整体订单量

自有仓包括电商平台的自建仓，或者非平台自建但是长期租赁或者合作的仓。自有仓渗透率反映了自建物流的实力和物流业务能力。物流实力越强，越能吸引卖家；物流业务能力越强，越能卖出物流服务。自有仓渗透率自然是越大越好，但是到底多少合适并没有标准，还得看品类和价格是否适合、政策是否有利好等。比如，中国进口保税区仓渗透率相当高，但是出口海外仓渗透率普遍很低。

为什么自有仓渗透率不是生意计划供应链的 KPI 呢？如果说物流端要看单量渗透率，那么生意端是否要看 GMV 的渗透率？笔者认为，可以看也可以不看，主要视业务发展阶段和策略。对于生意端来说，更主要的是规模和增长，而不是渗透率。

综上，在精细化运营阶段，对于物流计划供应链来说，最重要的是计划和预测的准确率，因为生意质量和物流生意规模其他部门也可以做，而预测准确率其他人做不了。

第四节　电商物流供应链的 KPI

一、电商物流供应链 KPI：成本、体验

电商物流供应链包含 4 个小模块：仓储管理、B2B 运输、B2C 配送、

物流关检务，4 个模块的 KPI 都围绕着成本、体验展开。

有些 KPI 只与成本或体验相关，有些 KPI 则与两者都相关，如货物的破损率和丢失率、错发漏发比例等，既会引起消费者投诉，也会导致赔偿。

4 个模块既有相互共享的 KPI，也有各自独有的 KPI，分别如图 2-2 和图 2-3 所示。

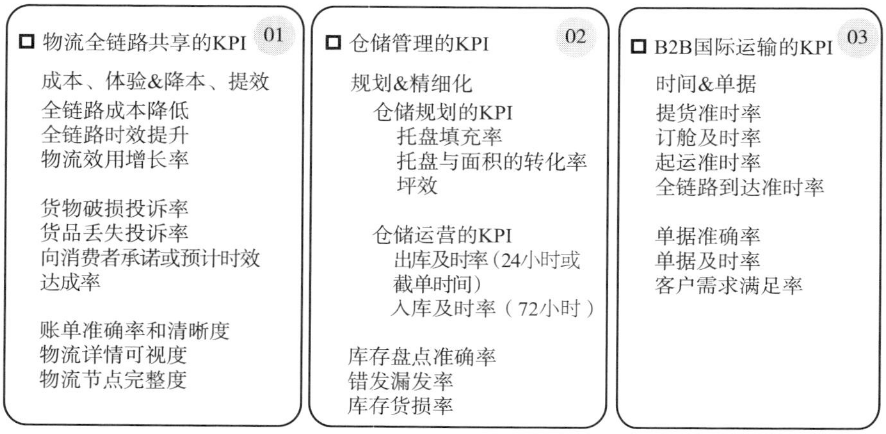

图 2-2　电商物流供应链（物流全链路共享、仓储管理、B2B 国际运输）的 KPI

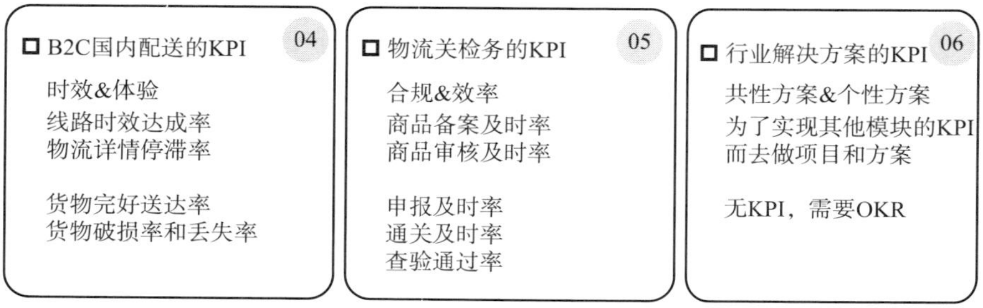

图 2-3　电商物流供应链（B2C 国内配送、物流关检务、行业解决方案）的 KPI

二、全链路共享 KPI：降本、提效

有些 KPI 是由物流供应链四大模块全链路共享的，就是几个部门都要为这些 KPI 负责。比如，全链路同比降本提效比例、破损丢失、物流效

用等。

- 全链路成本降低比例=进、销、存的总成本或单位成本的下降数/同比的进销存总成本或者单位成本
- 全链路时效提升比例=消费者下单到签收所用小时或者天数减少数/同比的时效小时数或者天数

一般是按年设置目标，按季度考核。目标应视情况而定，在粗放运营阶段或者市场行情好时，具有较多空间。当精细化运营到一定阶段时，如时效做到了××小时达、半日达、当日达，不管是成本降低还是时效提升都是比较困难的。更快的时效，就要付出更高的成本。社会总资源是一定的，更快的时效需要消费者一下单就要马上安排，集包的数量下降、配送员送货次数多了，配送成本自然上升。

同时，成本和时效的 KPI 要分拆为仓储管理、B2B 运输、B2C 配送、关检务各个分段的目标。这两个 KPI 如何设置，没有一个标准数值，即便是在粗放或者精细化运营的不同阶段，也要看整体营收和利润情况。如果营收不理想，就要节流。

- 物流效用增长率=物流费用同比增长率/销售额同比增长率

即物流费用的增长速度是否超过了销售额的增长速度，可以用数字衡量，即小于等于 1。

- 货物破损投诉率=货损件数的投诉单数/销售的订单数
- 货品丢失投诉率=丢货件数的投诉单数/销售的订单数

破损和丢失两种情况经常放在一起，这两个指标都和成本、体验相关。我们曾统计过大促期间的考核数据，发现破损和丢失投诉率在 0.1%左右。这两种投诉和 B2C 消费者订单相关，即消费者投诉。

- 向消费者承诺或预计时效达成率=所有不同线路承诺或预计时效内签收的订单数/所有线路的总订单数

这里的线路是指配送的线路，分为一区、二区、三区、四区、五区。比如，上海和宁波发往江苏、浙江、安徽、江西的是一区，发往山东、福建、广东、湖南、湖北等是二区，发往新疆、西藏的是五区。

电商订单，基本都有时效表达，每条线路都在消费者下单时呈现预计

或者承诺的时效，即“表达时效”；而线路每天会有一个实际做到的时效，即“实际时效”。实际时效通常要比表达时效更短，因为达不到表达时效，消费者体验不好有时需要赔偿。

这里说的时效达成率，是指下单页面的表达时效可以做到多少。这个比例通常要求达到95%以上。

- 账单准确率和清晰度
- 物流详情可视度和物流节点完整度

这两个指标没有标准的计算公式。对于物流企业来说，卖家账单准确率、清晰度以及出账单的时间非常重要，物流费用涉及进、销、存全链路，还可能包括各项增值费用，收费项目复杂，特别是既有 B2B 又有 B2C 业务时。

同时，账单不仅是为了体验，更重要的是为了成本。这和出账单时间、应收账款和应付账款的时间相关（也就是现金周期）。时有因为账单不清晰而发生现金损失的情况。

物流详情，包括 B2B 运输和 B2C 订单的物流详情。特别是在国际运输中，涉及提货、运输、起运、清关，以及海、陆、空联运等情况。目前，大的物流公司，在可视度和物流节点完整度上做得比较好，但是在异常预警和预计下一个节点到达时间的准确率方面，还有提升空间。

和账单、物流详情相关的，不能通过一个数字化 KPI 解决的，则需要通过解决方案的 OKR 建立和完善。

三、物流仓储管理的 KPI：规划、日常运营

除了与物流供应链共享的 KPI 外，仓储管理有仓储规划和仓储运营 KPI。有的和成本相关，有的和体验相关，还有的与二者都相关。

（一）仓储规划 KPI

和仓储整体规划相关的指标，主要有两个：托盘填充率、托盘与面积的转化率。

- 托盘填充率＝所有货品含外箱总体积／（托盘总数×托盘体积）

- 托盘与面积的转化率=托盘总数/仓库总面积

托盘填充率，货品体积与托盘体积的比例。理论上，托盘填充率100%最好。实际上，要根据品类和时期来看：大件多为实在货品，也不需要效期管理，如尿不湿、家具类，托盘利用率要达到80%以上，遇到大促时要求做到100%。对于需要效期批次管理的食品等，日常可能只有30%，大促时可能达到40%~50%。

托盘与面积的转化率，是指托盘总数与仓库总面积（含过道、操作面积、办公区等）的比例。托盘与面积的转化率没有一个绝对的标准，平仓可能只有40%~50%，做得好的可能有60%以上；高仓和混合型仓则会超过100%。

托盘与面积的转化率，衡量的是仓库面积有没有被充分利用，考验的是仓储规划的专业度。托盘填充率，则更多依赖企业的判断，衡量的是物流企业的商务能力，是否有足够多和足够好的货品填满仓库。

这里为什么没有用“坪效”呢？坪效=营业额/专柜所占面积。坪效是衡量商场经营效益的指标，是指每坪的面积可以产出多少营业额。对于电商仓储部门来说，坪效没有一个绝对标准值。有的仓销售又贵又小的商品如高级美妆类，就可以多收取一些操作费；有的仓销售大件，就没有销售小件商品划算，因为物流的主要收入是操作费、仓储费和增值服务费。如果只计算物流收入，现在很多平台的仓储物流业务基本是亏损的。如果算上商品收入，又不太合理，因为电商的商品收入和物流收入通常是独立核算的。

（二）仓储运营 KPI

仓储运营 KPI 主要是与仓储日常运营和精细化相关的指标，具体如下。

- 出库及时率(24 小时)= 24 小时内成功交接末端配送的订单数/消费者总订单数

或

- 出库及时率(截单时间内)= 截单时间内成功交接末端配送的订单

数/消费者总订单数

24 小时出库率是通用的衡量指标，大促期间可适当延长，视实际情况调整。但对于××日达（如半日达、当日达、次日达）订单，就不会要求 24 小时出库，必须在截单时间内完成。

什么是截单时间？举例说明，现在在国内几个大的电商平台浏览商品时，商品页面都会显示“23 时或者××时下单，承诺（预计）××日送达”字样，这里的 23 时或者××时就是截单时间。但这不是仓库的截单时间，而是消费者下单的截单时间。仓库的截单时间还要往后推，如消费者 22 时 59 分下单，仓库需要时间打包和交接配送，所以仓库的截单时间会在消费者截单时间后一两个小时。

- 入库及时率（72 小时）= 货物到仓后 72 小时上架可销售的件数/货物到仓的总件数

为什么入库及时率不设置为 24 小时呢？因为出库是 B2C 订单出货，入库是 B2B 货物入库，比 B2C 要复杂。B2B 入仓的整个流程包括：仓库和运输车交接、卸货、点货（点外包装数）、签收、货到暂存区、货到理货区理货和点货（拆箱理到件）、录入商品信息、与卖家确认理货信息、货到存储区上架并录入 WMS，将在途库存变成可售库存。特别是，跨境出口的货物到了国外后，如果出现问题，因沟通障碍，需要花费更多的时间。

正常情况下，如果不是很多货一起到达（这和物流计划供应链 KPI 中的预约入库准确率有关），24～48 小时是有可能的。但是经常会出现需要来回确认的情况，所以将该指标设置为 72 小时。

入库、出库及时率要求达到 95%以上，精细化管理条件下则要求达到 99%。

- 库存盘点准确率＝批次效期符合的库存件数/总库存件数

库存盘点不仅要盘点件数，还要看批次是否符合、效期是否有误。库存盘点准确率通常要求很高，要求 99.5%以上甚至 99.9%或 100%。因为库存不准，会出现超卖（没有货了，消费者却能下单）、错发保质期有问题的商品（食品和保健品、婴儿用品等过了保质期，是非常严重的事情）的情况。

- 错发漏发率=错发漏发的件数/订单总件数
- 库存货损率=仓库内货物破损件数/总库存件数

这两个指标通常要求在0.5%以下。

四、B2B国际运输KPI：时间、单据

国内运输相对简单，故以出口或者进口的国际运输来说明KPI。国际货运常涉及ETD、ETA、ATD、ATA、Invoice、Packing List、B/L等专业术语，前4个和时间相关，后3个和单据相关，KPI基本围绕时间和单据设置。

- 提货准时率=确定订舱单且货好后××天提货的订单数/总订单数
- 订舱及时率=确定订舱单且货好后××天完成订舱的订单数/总订单数

客户下订舱单后，根据备货时间安排提货和订舱，提货和订舱可以同步进行。服务标准一般是3~5天，如果是航空快运或者急货，则要求1~2天。这个指标值通常要求在90%以上。

- 起运准时率=确定订舱单且货好后××天开船或起飞的订单数/总订单数
- 全链路到达准时率=确定订舱单且货好后在预计时间或者承诺时间内到达的订单数/总订单数

提货和订舱都是过程指标，起运（Actual Time of Departure，ATD）和到达（Actual Time of Arrival，ATA）才是结果指标。

起运准时率多数时候是可控的，只要有严格的S&OP，不出意外基本可以按时开船或者起飞。到达准时率有时候是不可控的，但不出意外，也能按时到达。全链路是指从客户订舱、备货直到货送到指定目的地交割的时间，每条航运线路有不同的要求。

一般来说，起运和到达准时率可以设置为90%以上。

- 单据准确率=单据信息完整准确的单数/总订单数
- 单据及时率=单据在××小时内回传的单数/总订单数

单据准确率和及时率指标都要求100%。国际运输的单据准确率和及

时率非常重要，因为单据错了或者晚了，会导致货物延误甚至引发退运风险。比如，有的目的港要求空运 48 小时完成清关和提货，如果单据回传出了问题或者衔接不及时，就有可能无法按时完成。同时这两个指标较难计算和衡量，只有出了问题才知道，系统有时候无法精确计算哪些单据不准确或哪些不及时，通常需要人工来计算。

- 客户需求满足率 = 满足客户特殊物流需求的单数/客户特殊需求总单数

这个指标很难量化，但是很重要。因为国际运输中经常要处理急货、特殊品、零星货、不常见线路、增值服务需求如点货、贴标等问题。国际货运竞争非常激烈，只做常规的服务很难立足，务必要做别人做不了的，且快速满足客户需求。

五、B2C 国内配送 KPI：成本、时效、体验

消费者下单、仓库打包货物出库后，从包裹交接给快递小哥直至包裹送达消费者（可以是驿站、蜂巢、消费者居所等）这段，是国内 B2C 配送。B2C 国内配送 KPI 主要和时效、体验相关，具体如下。

- 线路时效达成率 = 配送时效内完成的订单数/所有线路的总订单数

共享 KPI 中的“消费者承诺或预计时效达成率”是从消费者下单到送达的 B2C 全链路时间，是对消费者透传的。这里的线路时效达成率是从仓配交接成功、配送揽收包裹直至送达消费者的时间，到省/市/区每条线路有不同的配送时效，这个时效不对消费者透传。

这个时效再细分的话，还有仓配交接时间、到分拨中心时间、分拨中心发出时间的 KPI。逻辑是一样的，标准通常是 95% 以上。

- 物流详情停滞率 = 物流信息停滞超过××天订单数/总订单数

物流详情，是指消费者看到的物流信息更新。对于有些着急的订单，消费者可能每天都会看一下货物到哪里了，如果超过 1 天没有看到消息更新消费者可能就着急了。即使是不急的订单，超过 3 天看不到物流信息更新，消费者可能也要咨询客服。这里的××天要根据实际情况来看，国内配送日常可以是 1 天，大促期间可以是 3 天。这个指标要求较高，一般在

99%以上。

对于货物破损率、丢失率指标，这里不再赘述了。

六、物流关检务 KPI：准入、合规、效率

商流和物流特别是跨境电商，要跟着关检务的政策走。进出口关检务 KPI 主要涉及准入、合规、效率。很多无法用数字准确衡量，这里仅分析几个基础的指标。

- 商品备案及时率=××天内备案完成的商品数/申请备案的总商品数
- 商品审核及时率=××天审核完成的商品数/申请的总商品数

进口商品通常都需要备案，一般需要 3~5 个工作日。这里的备案完成不仅包括成功备案，各种原因导致的无法备案被驳回也算是完成。有一个因素是不可控的，就是备案过程中通常需要客户补充各种信息。这个指标一般设置为 95%以上。

出口商品不管是直邮还是入海外仓都要安排国际运输，尤其是入海外仓商品还要看是否禁限运或者禁限入，需要关检务部门进行审核，一般需要 2 个工作日，及时率要求在 95%以上。

- 申报及时率=××小时内申报的订单数/总订单数
- 通关及时率=××小时内通关的订单数/总订单数
- 查验通过率=查验通过的订单数/总订单数

进出口运输不管是 B2B 还是 B2C 都需要清关，只有完成清关才能放行，先申报后通关。平台和海外系统对接异常、促销时订单太多没有提前报备、关检务品类政策变化如税改等，都会导致无法申报和通关。

查验是无法避免的，查验率虽无法考核，但是查验通过率是可以看到的。商品备案和店铺备案要提前做好，合规和禁限入政策要提前透传给上下游各合作方，确保都符合海关和检查机关要求。

申报、通关和查验，考验的是关检务部门对合规的把控、对政策变化的应变能力和异常处理能力。

第三章　电商供应链和物流行业解决方案

第一节　电商卖家如何选物流：CDC、RDC、FDC、直邮

本节针对3种电商贸易方式（国内贸易、跨境进口、跨境出口）的物流模式——CDC、RDC、FDC、直邮，结合实例具体说明跨境进口和跨境出口卖家如何选择物流模式。

一、4种物流模式

主要物流模式（链路）包括CDC、RDC、FDC、直邮4种。

DC，即Distribution Center，意思是配送或者分拨中心。DC包括CDC、RDC、FDC。

CDC，即Central Distribution Center，意思是中央配送或分拨中心，即中心仓。

RDC，即Regional Distribution Center，意思是区域配送或分拨中心，即区域仓。

FDC，即Front Distribution Center，意思是前端配送或分拨中心，即前置仓。

DC既可能具有存储、打包、分拨、配送功能；也可能只有分拨、配送功能，不能存储和打包。这里假定DC具有存储功能，也就是说可将货物提前准备到DC进行存储，消费者下单后工人在DC打包，交接给快递公司安排末端配送。

DC是备货到仓等消费者下单，直邮则不备货，消费者下单后直接从卖家手上安排发货。直邮分两种：一种是卖家送到平台的集货仓再到消费

者，另一种是卖家直接安排。DC 备货与直邮对比如图 3-1 所示。

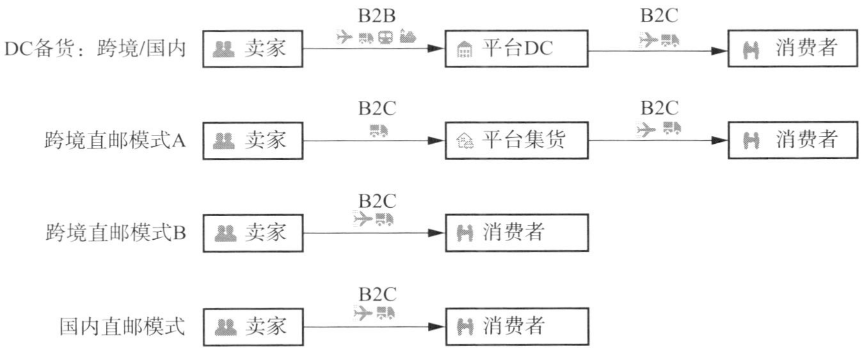

图 3-1 DC 备货与直邮

（一）国内贸易

（1）CDC 是支持全国的仓储物流中心，可以有一个或多个 CDC，一般一个地区至多（华南、华东、华北、华中、西南、西北）一个 CDC。

（2）RDC 既可以支持地区（华南、华东、华北、华中、西北、西南），也可以支持某几个省份（根据末端配送的一级、二级、三级、四级、五级区域进行划分）。比如，广州发广东、福建、广西 3 个一级区域，那么广州可以作为这 3 个省份的 RDC；如果上海发上海、江苏、浙江、江西、安徽 5 个一级区域，那么上海就可以作为这几个省份的 RDC。

（3）FDC 可以是前置仓或者是下沉仓。也就是说，从省下沉到市甚至县，可以短距离、快速送达消费者手上，做到半日达、××小时达。在跨境进出口模式下一般没有 FDC。

（4）直邮，卖家自己发给消费者。较便宜的轻小件一般不会入仓，基本由卖家自己联系快递发货。

（二）跨境进口

（1）CDC 一般称作“中心仓”，有的会称作 GFC（Global Fulfillment Center），多半设在全球各大洲物流枢纽。比如，欧洲的比利时、北美洲的洛杉矶、亚洲的中国香港。

（2）RDC，即保税仓。目前，中国有 100 多个综合保税区，从南至北、从东到西的保税区有：海南，广东深圳、广州，福建福州，浙江义乌、慈溪、宁波，上海，山东青岛，天津，重庆，河南郑州等，进口保税仓一仓发全中国。

（3）直邮，卖家从国外直接发货给中国消费者，或者发到平台国外的集货仓，由平台集货后再发给中国消费者。

（三）跨境出口

（1）根据业务的区域集中度在物流枢纽区设 CDC。比如，在新加坡，俄罗斯莫斯科，中国深圳、香港、广西壮族自治区等。CDC 的特点是离卖家近，可以快进快出，灵活备货；备货以后销售不好即使马上退出也没有什么成本；同时，可以一仓发多国，比直邮的时效要快。

（2）RDC，即海外仓，如亚马逊的 FBA（Fulfillment by Amazon）。根据海外业务的集中度，可在各个国家设置海外仓。基本上一个仓只能发一国，如菲律宾的海外仓只发菲律宾。海外仓的特点是离消费者最近，发货快，多数商品物流成本更低，比较适合中、大件。但是如果销售不好退仓成本高，甚至变成死库存。

（3）直邮。卖家从中国直接发货给外国消费者，或者发到平台的中国集货仓，由平台集货后再发给外国消费者。直邮最灵活，但是时效最慢。

（四）传统和现代制造业

- 通常在有生产工厂的城市设立 CDC，同时作为 RDC。
- RDC 通常设在各大洲的交通枢纽城市，如新加坡、中国某些沿海城市经常会作为亚太区（Asian Pacific Region，APR）的 RDC。

不管采用何种贸易形式，不管是电商还是制造业，能作为 DC 的地方，一定是交通发达、人口流动大的枢纽城市。

二、跨境卖家如何选择物流

对于跨境进口和跨境出口的卖家，是选择 CDC、RDC 还是直邮呢？应主要考虑两个因素：消费者体验和成本。

影响消费者体验关键因素是时效，即从消费者下单到包裹送达的时间，按从快到慢顺序排列为：RDC→CDC→直邮。

对于时效不高、利润不大的商品，则需要多考虑成本。

除去采购和营销成本，跨境进出口的供应链和物流费用主要有国际运输相关的运费、清关费、港杂费、货代佣金；进出口税费，包括关税、增值税、所得税、预提税等；仓储费；库内操作费；末端运费。

除此之外，还有备货的库存成本。备货到海外仓后多久可以卖出去？如果存货过多，销售不出去，就会变成SMI，血本无归，需要慎重考虑。

跨境卖家如何选择物流，大的指导原则如下。

（1）宜采用直邮：长尾品、轻小件、非标品。

（2）CDC：部分长尾品、腰部商品、浅爆品、新品。

（3）RDC：爆品、超爆品、中大件、标品。同时，卖家要有基础供应链计划能力。

一般平台都会给出成本对比测算表，初期有些平台会有备货的成本优惠和流量扶持政策。卖家可以首先进行成本测算；其次结合商品定位计算备货入仓商品的合适补货数量，同时要考虑备货入仓后，若发生滞销有无其他渠道销售；最后决定是选直邮、CDC，还是RDC。

第二节　电商行业供应链解决方案

一、行业供应链解决方案概论

电商行业供应链解决方案是根据行业共性或者不同行业个性而定制的解决方案。通过电商行业供应链解决方案给卖家赋能，不仅让卖家在单平台销售得好，而且让上下游各合作方在多平台共享供应链与物流网络及资源，实现协同效应下的社会资源最优分配和循环。

电商行业供应链解决方案，可以是全链路和全方面的打包方案，也可以是大的贸易和链路方案，还可以只解决一个小的痛点或者问题。制定解决方案如同创新，有时候是改变行业的大事，有时候只是解决不起眼的小问题。

因为跨境电商复杂的关检务、长链路，电商行业供应链解决方案更复杂。电商行业供应链解决方案分两种：一种是面向所有行业；另一种是面向特定行业，既包括计划供应链的解决方案，也包括物流供应链的解决方案。两者既区分明显，又需要相互搭配。

二、面向所有行业的电商供应链解决方案

面向所有行业的电商供应链解决方案是所有行业或者商品都需要的供应链和物流解决方案。面向所有行业的电商供应链解决方案须要考虑诸多因素，具体如下。

（1）贸易模式。这是最先要确定的。是大贸形式（一般贸易），还是跨境电商？两种形式最主要的区别是电商什么时候缴纳税费。大贸形式是进出口清关时缴纳 B2B 关税，跨境电商形式是消费者订单产生以后缴纳 B2C 关税。贸易形式的选择还可能因为办证需求。例如，在跨境进口模式下，一些美妆类商品以一般贸易方式进口，需要非特殊用品化妆品备案甚至特殊用品化妆品备案，有时候需要花费大半年时间。考虑到成本和时间因素，可以先选择跨境，在有一定的销售基础和客户积累，跑出爆款后，再着手一般贸易备案的事情。在跨境出口模式下，有些出口东南亚地区的消费电子或家电类商品，如果走跨境需要 TISI、SNI 等认证，则需要选择大贸形式。

（2）跨境与大贸互转。以大贸进来的货，可能要跨境卖，为此要有大贸转跨境的方案，涉及大贸仓如何出、如何交税、跨境仓如何进仓等。

（3）物流链路。在确定贸易方式后，便是确定物流链路。如是直邮还是入仓备货，是平台直邮还是卖家自行直邮，备货是 CDC、RDC 还是 FDC。

（4）交付模式。如果是备货模式，那么是由平台官方物流提供“一站式”全链路、门到门的解决方案，还是从市场上寻找第三方物流服务商（3PL），或者是自己发货？对于新卖家或者是中小卖家来说，最好是选择平台的官方物流。尤其是跨境电商，物流和商流跟着政策走，各个国家或

者地区的关检务政策不一样。比如，有的地方要求空运到达后 24 小时、海运到达后 72 小时完成清关，完成不了就有退货的风险。新卖家可能对这些政策不了解，甚至发联邦快递到保税仓。这些都可能会引起不必要的麻烦，包括货物的损失和退运风险。

（5）一品多仓。备货交付后，是一仓备货还是多仓备货（一品多仓），也就是同一个 SKU 是否要在不同的仓库准备不同的数量？如何在多仓补货，是 CDC 到 RDC，还是根据消费区域占比都备货到 RDC？

（6）调拨。如果是多仓备货，就有 CDC、RDC、FDC 之间的补货和调拨，缺货后 DC 之间的紧急调拨等。

（7）分销。分销包括平台店铺之间的分销、平台店与直营店的分销、线上分销系统搭建、线下分销物流链路打通。

（8）多店铺一盘货。代运营开多个店铺、大卖家开多个店铺、卖场型旗舰店和专营店，这三类都有较强的多店铺一盘货需求。同一个 SKU 多店铺库存既要同增同减，又要在活动时不会超卖。

（9）多渠道一盘货。多渠道一盘货指在多个平台开线上店，有线下渠道、分销等，也就是在多个渠道卖货。和多店铺一盘货类似，但逻辑更加复杂。两者的出发点都是降低库存成本。

（10）组套。组套指不同货品或者相同货品的组合销售，比如，鼠标搭配鼠标垫，锅搭配勺子，多个口红做一个套装等。组套在大贸形式下比较简单，在跨境形式下则比较复杂，有组套入仓和入仓后在仓内组套两种形式。组套后分为 N×A（N 个完全一样的 SKU）和 A+B+X（好几个不同的 SKU），A+B+X 又有相同和不同 HS Code 的区别。

（11）库存健康管理。计划供应链的核心是“库存”。在备货模式下，如何做到不滞销、头部爆品不缺货，库存周转控制在合理范围，既不能让卖家产生大量的仓储费，也不能让平台爆仓呢？这就需要打通补货→入仓→营销各个场景和链路。

（12）逆向物流。逆向物流包括：①B2B 逆向。B2B 逆向是指整批货物从哪里来返回哪里去，或者返回指定地点。在大贸形式下简单，安排车辆运回到指定的地方即可。在跨境电商形式下，因为有清关环节，要原路返回则需要各种各样的清关凭证和税务单据，比较复杂。②B2C 逆向。B2C 逆向是指小包裹返回到指定的地方，包括消费者签收后再退货和消费者拒收产生的两种退货。在大贸形式下比较简单，返回卖家指定的地点即可，很多时候可以重新销售。跨境保税仓的逆向物流是很重要的一环。在保税仓逆向打通之前，退货只能成堆地放在代运营的办公室里，无法重新销售。特别是，直播购物的退货比例有时候会达 20%以上，没有逆向物流对卖家来说是很大的损失。保税仓逆向保障了很大比例的 B2C 退货重新在仓库上架并销售。逆向的设计很复杂，包括保税区外退货仓建立、入区查验标准、特殊检验要求、退货申请传送海关、海关审核、审核通过后需要在××小时内将退货送回原入库保税仓。其中，任何一个环节出问题都可能导致逆向失败，既需要完善的线下 S&OP，也需要线上系统环节的打通。

三、面向特定行业的解决方案

面向特定行业的电商供应链解决方案不是所有行业都需要，而是根据行业的不同特性需要制定的方案。特定行业主要有：美妆、时尚、保健、食品、个护家清、母婴、家居、数码。如果业务量比较小，可以不分这么细。下面介绍几个主要行业的解决方案。

（一）美妆行业

1. 0 元赠品

0 元赠品，即 GWP（Gift with Purchase）。消费者购买美妆类商品经常可以收到一大堆赠品和小样。赠品有两种形式：买 A 品赠 B 品、满××元赠 Y 品。国内商品买赠很常见也很简单，但是跨境的 0 元赠品有很多限制：在有解决方案之前，只能由卖家单独寄给消费者，而不是随主品一起发出。

跨境的赠品需要在正面清单内正常备案和报关，且是有价值的商品；赠品需要提前向海关报备，主赠须同仓，还需要发布单独的赠品链接。只有满足这些条件，才可以做跨境的赠品。

2. 美妆礼盒

礼盒包含两部分：商品和盒子，主要盛放品牌美妆类、保健类商品。虽然笔者认为礼盒既不环保也不实用，但是不能推己及人。世间不乏买椟还珠者，礼盒的需求仍然很大。礼盒有境外礼盒入仓、单品入仓再在仓内组合两种类型。

境外礼盒入仓只接受 $N\times A$，或者 A+B+X 且 A、B、X 是相同的 HS Code。如进口美妆有高低税率的区分，若 HS Code 不同可能无法计税。满足条件的境外礼盒入仓，和其他商品入仓流程一样。

单品入仓再在仓内组合的情况较复杂。系统端，涉及订单打标、库存锁定、库位管理；需求计划端，涉及每个礼盒的方案、来料时间和数量预计；供应计划端，涉及仓库产能、最低包装要求、样品/摔包测试/预包时间计划；供应生产端，涉及摔包和预包安排、库位留出、分步生产；消费者体验端，涉及破损和赔付、效期管理等。最后是礼盒逆向，礼盒包好了若销量不如预期，要再变成单品售卖又涉及拆包流程和管理。

3. 包材定制

对于平台来说，使用相同的包材效率最高，现在基本采用环保包材。但是，很多美妆或者时尚品牌为了体现品牌心智或者满足全球统一包装的要求，都使用自己的包材。标准的纸箱外箱有 1~13 号，1 号箱最大。定制包材比较烦琐。品牌可能会自行设计好样式，与平台协同预测，平台需要评估可行性，确定可行后，要定制条形码、样品入仓、摔包测试、大批包材入仓到指定库位、增值服务结算、订单产生后使用定制包材包装、出库。

（二）食品保健

1. 效期

对于食品和保健品，最重要的是效期。如果出现临期或者过期食品，则是安全和公共卫生事件了。

首先是定义效期管理的商品，包括弱管控和强管控。比如，美妆部分品类是弱管控，而食品保健品则是强管控，还有一些商品不需要效期管控，如衣服和包。其次是不同品类的禁入和下架规则。例如，效期不足1~3天的禁入、不足100天的下架等，特殊品类如薯片的有效期只有3个月，因此要针对这类商品制定不同的进入和下架规则。再次是仓库效期批次管理，包括SKU维度入库全检、效期时间录入、系统设置不同品类的禁收下架和失效规则，同时要定期进行批次和效期的盘点。最后是需要确定部分临期品的申请促销流程，在页面一定要向公众透传临期；否则可能导致投诉和舆情。

2. 冷链

很多食品需要恒温存储和配送，包括部分美妆（比如，昂贵的精华乳液、口红等）。

首先是冷链入库，需要订冷柜，普通的货柜达不到要求。其次是恒温恒湿仓储，有恒温仓（通常是10~25摄氏度）、冷藏仓（通常是0~10摄氏度）和冷冻仓（通常是-18摄氏度以下）。冷链仓需要特别规划，不可随便建立冷链仓库，需要专门的场地和设施，且要提前规划。最后是接入冷链配送。还有一些特殊场景需要考虑到，如在低温下，容易脱落标签的处理流程等。

3. 食品原产地

食品监管很重要的一部分是原产地要求。比如，日本食品类原产地证有严格要求，不仅需要证书且发证机构必须是日本农林水产省（The Ministry of Agriculture，Forestry and Fisheries of Japan，MAFF），公会开出的原产地证不予认可。从生产地到发货地再到中国目的地、证书上填写的运输方式与路线，必须与实际运输方式一致。

（三）消费电子、家居、时尚

1. 大件需求计划、仓储和配送

家居行业重点要考虑的是大件和特殊品的需求计划、仓储以及配送。从物流属性来看，尿不湿、奶粉都属于大件物流的范畴，因而家居行业的桌子、椅子等基本属于大件或者特殊品。

为什么需要针对大件和特殊品做专门的需求计划？因为大件占用很大

的仓储空间，一个做了效期批次管理的托盘可以放下几千只、上万只口红，但是只能放百来件尿不湿。大件和重货需要按类目维度甚至是SKU维度制定需求预测与来货计划时间表。大件的需求计划，除了做数字定量（Quantitative）预测外，更多要结合定性（Qualitative）的盘货策略进行预测。需要制定详细的大件来货时间表，用于安排人力、物流收货，还有库位存货。

同时，出于成本和时效考虑，还要接入特别的末端配送，如德邦大件配。

2. 贵品方案

数码和时尚行业有很多贵品，贵品方案主要涉及以下方面：首先是贵品空运。其次是贵品仓储。再次是出库打包，可能需要特别的打包台，更重要的是针对贵品运输和仓储的保险方案、末端配送的保价费用。最后是错发、漏发、破损、丢失的赔付规则。

第三节　东南亚电商卖家应否备货海外仓

一、从商流到物流，百家争鸣

东南亚跨境电商仍是片蓝海，各大、中、小玩家纷纷入场角逐。除了Shopee和Lazada，估值超1000亿美元的SheIn在新加坡招兵买马，旨在东南亚形成自己的商品中心；Tiktok先是进军印度尼西亚，紧接着又在东南亚四国（泰国、越南、马来西亚、菲律宾）跨境软着陆。

除了商流，物流也在角逐，从国际头程、仓储服务到末端配送。据36氪报道，2020年2月至2021年8月，320亿美元投资涌入了东南亚物流市场，交割完成的43笔融资比外界预测的交易总额多了8亿美元。除了老牌国际物流企业DHL、FedEx、Kerry、CJ等，还有本地物流如Ninja Van、Lazada、Shopee，也有自有物流Lion、SLS（Shopee Logistics Service）。中国的物流企业如百世、顺丰、京东、极兔和菜鸟也纷纷进入。

除了巨头之外，各个中小玩家也想分一杯羹，俨然形成了 21 世纪 20 年代的“春秋战国”。到底花落谁家，我们拭目以待。

市场竞争越激烈，消费者和卖家越可以获利。本部分从卖家的角度，分析卖家是否应该入海外仓。

二、东南亚电商市场是否还是蓝海

物流跟着商流走，分析物流之前，先简要说说商流。

为什么东南亚电商还是蓝海呢？主要由东南亚人口、经济发展水平、新冠病毒感染疫情后电商发展趋势、大环境和政策等因素决定的。

（一）人口年轻

2008 年东南亚爆发金融危机，2012 年发生欧债危机，加上最近 3 年疫情，全球经济环境易冷难热。少子化和老龄化已成为很多国家面临的社会问题。相比来说，东南亚各国人口平均年龄大概是 28 岁，是全球人口最年轻的区域之一，且人口还在不断增长，而年轻人口的需求与交易成正向关系。

（二）经济发展带来无限商机

东南亚整体经济发展水平大概相当于 10 年前的中国。举例说明，在印度尼西亚卖得最好的电视是 20 多英寸，而中国是 60 英寸的电视最受欢迎。东南亚市场现有的和未来的需求，在中国都能找到成熟的供给产业带（义乌的小商品、深圳的电子、广州的服饰、江苏的家居等）。

（三）新冠病毒感染疫情后，东南亚电商市场井喷式发展

2021 年 8 月，Facebook 和咨询公司贝恩（Bain & Company）共同发布了主题为“东南亚：数字化转型的主场”东南亚数字消费年度报告，认为新冠病毒感染疫情正在驱动东南亚电子商务呈指数级增长，推动当地民众消费模式和习惯产生重大变化；企业应审时度势，做好相应准备。以下是该报告中的部分数据。

东南亚电子商务交易额呈爆发式增长，预计到 2026 年将达到 671 美元/人。商品和服务交易总额 5 年内预计将达到 2540 亿美元，年平均增长达 14%。马来西亚、印度尼西亚和新加坡是数字消费占比最高的 3 个国家，

分别是 88%、80%和 79%。

（四）大环境和政策的利好

2020 年 11 月，《区域全面经济伙伴关系协定》（Regional Comprehensive Economic Partnership，RCEP）正式生效，成员国包括东盟十国（马来西亚、印度尼西亚、泰国、菲律宾、新加坡、文莱、越南、老挝、缅甸和柬埔寨）、中国、日本、韩国、澳大利亚、新西兰共 15 个亚太国家。RCEP 生效后，区域内 90%以上的货物贸易关税将立即降至零，其余 10%的货物贸易关税 10 年内逐步降低，最终实现零关税。

三、选择海外仓应考虑因素

海外仓是东南亚供应链和物流的一个重要解决方案，卖家选择海外仓主要基于四大因素，如图 3-2 所示。

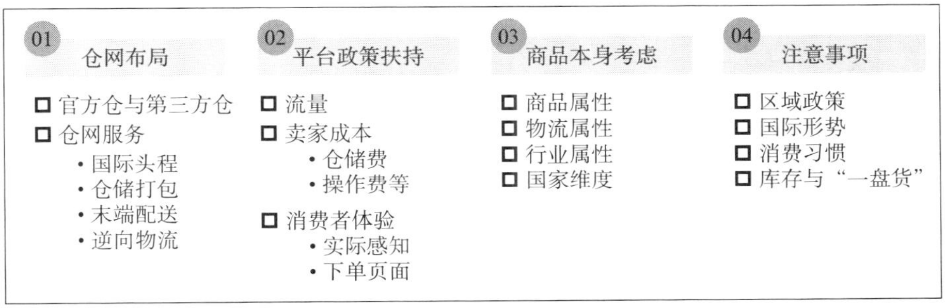

图 3-2 卖家选择海外仓考虑的四大因素

（一）各卖家海外仓的仓网布局

对于在电商平台开店的卖家来说，选择海外仓有几种方案。

（1）平台官方仓。平台官方仓是指平台自建仓或者平台租赁的仓。卖家与平台签订仓储物流协议，物流费用与平台直接结算。

（2）平台第三方仓。平台第三方仓是指与平台合作的第三方仓。卖家与第三方仓直接签约仓储物流协议，物流费用与第三方仓直接结算。平台与第三方仓相互虽有合同约束，但不参与卖家与第三方仓的物流定价。鉴于东南亚各国国情不一样，相对于官方仓来说，第三方仓比较灵活。

（3）平台之外的物流服务提供商。市场上其他物流服务提供商，价格较低，也比较灵活，但是相对于平台官方仓和平台第三方仓来说，没有保障。

（4）卖家或者品牌自建仓。相对来说，目前东南亚拿地和租仓成本比较低，大卖家和品牌有可能自建仓。

不建议中小卖家自建仓，利用平台的仓储物流最有保障。同时，基于价格和灵活性，一般应优先考虑平台官方仓和平台第三方仓。在选择平台仓时，卖家需要看官方仓与第三方仓能否提供全面的、全链路的仓储和物流服务。如图 3-3 所示的电商平台海外仓服务矩阵（随机模拟），可用于卖家辅助判断。

图 3-3　电商平台海外仓服务矩阵（随机模拟）

除此之外，电商卖家还需要考虑平台是否提供“一盘货”服务。

（二）平台对海外仓的政策扶持

流量、卖家成本、消费者体验 3 个方面，各大平台在初期都会对海外仓有一定力度的扶持，卖家可以做一个平台对海外仓扶持矩阵（随机模拟），用于辅助判断，如图 3-4 所示。

图 3-4 平台对海外仓扶持矩阵（随机模拟）

（1）流量。大平台经常会有针对仓发的专属流量入口、海外仓发的打标，搜索推荐会因为时效等因素靠前。但市场上的物流企业和卖家自建仓往往缺少平台这样的流量扶持。

（2）卖家成本。入仓后的成本主要有两大块——仓储费和操作费，以及一些增值费用等。

- 仓储费。平台可能会免除卖家的部分仓储费，按库龄或者周转阶梯收费等。
- 操作费。操作费也叫“订单处理费”，是消费者订单产生后，分拣商品和打包等产生的费用。各个服务商不一样，有的按单收，有的按件收。卖家可根据自己的品类进行选择，如服饰类商品的件单比（每个包裹的件数）比较大，适合按单收费的报价；而中大件如家居类商品，一个订单可能就一件，适合按件收费的报价。使用平台官方仓，平台有时会给补贴。需要注意的是，服务商提供的报价单结构并不一样，有的看起来操作费很低但是会有很多附加条件：有的完全不含包材费用；有的只包含基础的箱子费用，胶带等都要额外收费；有的可能额外收取入库上架费等。因此，卖家在签约之前要看清楚、问清楚。

（3）消费者体验。消费者体验分两部分：一是消费者的实际感知，如包裹实际送达的时效；二是网页表达的体验，如表达本地发货、预计到达时效等。

- 消费者的实际感知好不好，和平台的实际履约能力挂钩，即要看平台的仓网布局，仓网布局越完善，实际履约能力越强。
- 下单页面表达的体验，主要看卖家在搜索页面和商品详情页面是否展示本地发货、预计或者承诺到达时效，是否海外仓打标。消费者看到“本地发货、时效快”，就容易点进详情页，从而提高访问率，提升转化率和成交率。

（三）哪些商品适合入海外仓

入仓需谨慎，并不是海外仓有好处，就一股脑儿都入仓。卖家可以从商品属性、物流属性、行业属性、国家维度几个方面来看，如图 3-5 所示。

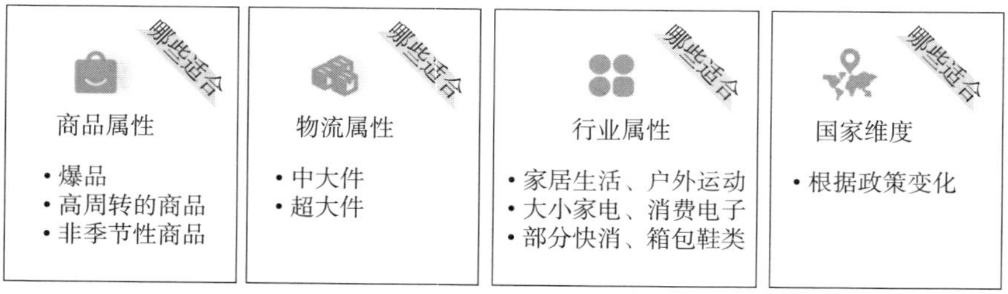

图 3-5　适合入海外仓商品

（1）商品属性：爆品、高周转商品、非季节性商品适合，新品和长尾品不适合。

（2）物流属性：中大件、超大件更适合入仓。

（3）行业属性：家居生活、消费电子、男女箱包比较适合；目前，户外运动风靡，部分商品较适合。低单价且 SKU 多的快消品、季节性衣服鞋子不适合。此外，要注意有些商品需要认证，如很多电子类商品在泰国需要 TISI、NBTC；美妆母婴类商品在印度尼西亚需要 BPOM，食品类商品在各国都需要 FDA。

（4）国家维度：主要看各个国家的政策，哪些国家的政策比较宽松和支持海外仓。

（四）入海外仓注意事项

入海外仓备货要谨慎，需要关注一些事项，如图 3-6 所示。

图 3-6 入海外仓的注意事项

（1）区域政策。商流跟着物流走，商流和物流则要跟着政策走。进出口政策对跨境业务影响很大。2021 年，印度尼西亚政府开始全力扶持本地业务打压跨境业务，对印度尼西亚的跨境业务影响很大。RCEP 的正式生效整体上对东南亚电商业发展是利好。

（2）国际形势。当人民币汇率上升时，有利于出口。在这种情况下，有利于做备货模式，以卖家成本中的仓储费为例，如果平台超过 60 天收取阶梯仓储费，人民币汇率上升带来的出口业务收入下降可以抵销（trade off）多备货多付出的仓储费。当然国际形势瞬息万变，卖家还是要谨慎。

（3）消费习惯。如货到付款，除了新加坡，东南亚居民还是喜欢货到付款。此外，东南亚居民的消费水平整体上低于中国，卖得好的往往是比较便宜的商品。

（4）库存与共享库存。备货海外仓除了政策变化带来的货款两空风险外，最大的风险是备货过多，变成死库存。大的卖家具有供应链计划能力，会管控库存，而部分中小卖家由于计划能力较弱，往往容易多备货。

为此，卖家可以充分利用平台的系统工具，如预测与补货系统。

共享库存（也就是“一盘货”），共享库存有以下两种形式。

一种是同一个 SKU 多店铺共享库存。全面铺货的大卖家店铺有较强的需求。什么意思呢？就是同一个 SKU 在所有店铺的链接上显示库存同增同减。举例说明，假如一个人开了 10 家店都在铺同一个 SKU，这个 SKU 预计总销量 5000 件。在没有共享库存情况下，若 10 个链接都上 1000 件库存，就要备货 1 万件；共享库存后可能备货 6000 件（5000 件销售+1000 件安全库存）就够了，开始所有链接都显示 6000 件库存，在消费者不断下单过程中，每个链接库存同时减少，显示一样的库存件数。库存共享最大的风险是超卖，在库存多的时候没有问题，但是在库存少或者大促期间，就容易超卖。举个极端的例子，当库存只剩下 1 件的时候，如果 10 个消费者同时下单，就超卖 9 件了。

另一种是同一个 SKU 同一个店铺多渠道共享库存。同一个店铺 1 万件库存，既能同时给多个平台的电商用，又能出货给线下分销商，还能支持跨境和本地业务，同时支持 B2B 和 B2C 业务。这就是多渠道共享库存的意义。和多店铺共享库存一样，多渠道共享库存可以极大地减少备货件数，降低库存积压风险。

第四节　电商仓储物流供应链新模式

电商仓储物流供应链的关键是“降本、提效”。降本，指降低物流成本；提效，包括 B2B 的全链路时效，更多是指 B2C 的消费者订单时效。

一、三大竞争战略

“竞争战略之父”迈克尔·波特提出三大基本竞争战略：成本领先、差异化和聚焦。

（一）成本领先

成本领先不是低成本。成本领先要看是通过什么方式降低成本。在粗放式运营阶段，物流的提效和降本可以同时进行。但是到了精细化运营阶段，同时做到提效和降本难度很大。因为一定时期社会资源是固定的，要速度更快成本就会更高，要降低成本就得牺牲速度。很多企业以补贴和亏本的方式入场，最后不仅企业不能盈利，而且整条产业链都难以盈利。

（二）差异化

传统的仓储物流企业，除了降本和提效外，并没有自己的核心“护城河”，就是有别人没有的东西。

不管是战略还是运营，差异化都是基于客户需求。快递公司争相送货上门还给用户倒垃圾，这不算差异化，还要看哪些人有送货上门和帮倒垃圾的需求。是否老年人就需要送货上门和帮倒垃圾呢？不一定，除非是行动不便的老年人，能走动的老年人反而喜欢去拿拿快递、倒倒垃圾、走走路、唠唠嗑啥的。那么年轻人呢？年轻人有需求吧？也不一定。

（三）聚焦

聚焦，是指专注于某个专业的细分领域、某个市场或者特定客户。例如，Flexport 以其领先于行业的数字化订舱系统而备受推崇，数字化集成可以采用差异化战略，也可以采用聚焦战略。电商平台有专注于非洲市场的 Jumia、Takealot、Kilimall，有专注于东南亚市场的 Shopee、Lazada、Tokopedia。

二、仓储物流新模式

仓储物流是基础，没有物流，商业就流动不了。任何时候，夯实基础建设、打好底子都是最重要的。同时，现代商业日新月异，直播电商方兴未艾，仓储物流企业除了要提供传统的物流服务外，和商业模式的结合也很重要。物流跟着商流走，不仅要跟在商流的后面，更要和商流主动结合，创造新的方式、模式和价值。

（一）既做代运营又提供仓储物流服务

一些有实力的品牌运营商，不仅代理，还会分销、代运营多个品牌，并建立自己的物流体系。商流与物流相结合，不仅不用租仓，还能降低物流成本，这是成本领先战略。

（二）仓储服务和直播的“商业”结合

仓储服务和直播结合，存储只是附加服务，提供直播场地，物流收入与直播收入挂钩。这是聚焦于特定的商业模式和客户群体，聚焦于自身的专业能力建设，是聚焦战略。

（1）对于卖家。这种模式适用于中小卖家，特别是有直播属性的商品，但是没有仓储物流能力、欠缺供应链计划和运营能力的卖家。这些卖家可以充分利用这种模式，既能扩大规模，也能节约仓储物流费用。需要特别注意的是：卖家要选定有能力和有资质的仓储物流商，提前了解当地行情，如是否有政府和政策的支持，是否符合各国的各类检查要求等。

（2）对于有资质的仓储物流商来说，要找到有潜力的商品和卖家、MCN 机构、末端配送的快递公司，同时要和平台签约合作。只要有几个商品或者店铺能爆发，仓储成本基本可以忽略。

（3）对于平台来说，适合于这种模式的商品和店铺一般需要依托电商平台，平台需要抓住发展自有物流的机会，打造爆品仓、品类仓和直播仓。直播仓需要的仓储物流服务，要求更高。做物流不能投机取巧、一步到位，需要夯实基础，打好根基。

（三）提供多样化的增值服务

提供多样化的增值服务属于差异化战略。除了仓储服务和直播的商业结合外，在需求多样化的商业环境下，可以提供更多的增值服务，通过增值服务创收。比如，定制化包材、环保包材、大件和特殊品的包装，提供仓库内的效期盘点服务等。在泰国，卖得好的鱼竿可以在仓内提供包装服务。增值服务还包括对易碎品加固、特殊品贴标等。特别是，在直播电商模式下，更多小众化和长尾需求会被挖掘，而仓储物流正好可以提供这类服务。这是差异化战略。

第五节　电商全链路物流成本结构

传统供应链成本指采购、生产、销售过程中为支撑供应链运转发生的物料成本、劳动成本、运输成本、设备成本等。

相比传统供应链成本，电商全链路物流成本结构具有其相应特征。跨境电商的成本比国内电商复杂，但是基本逻辑相通。以下主要介绍跨境电商的成本结构。

如果是直邮，供应链成本包含从卖家发货到消费者收到货物过程中产生的运费和税费，这个比较简单，这里主要讲述备货到仓模式。因为供应链的资金流与实物流/信息流密不可分，所以可以物流供应链的（进、销、存）三段来看成本。进、销、存逻辑的电商供应链和物流成本结构如图 3-7 所示。

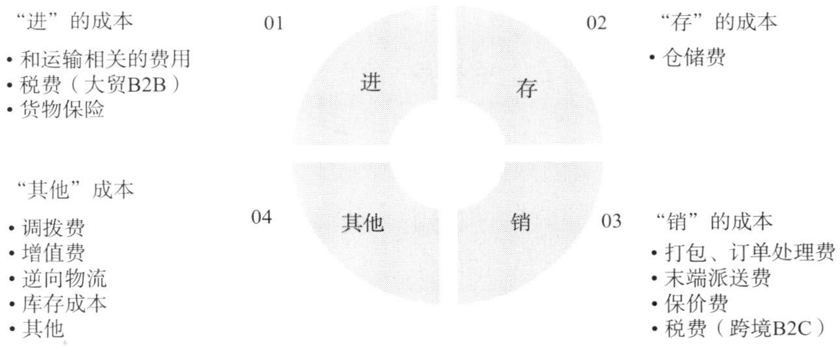

图 3-7　进、销、存逻辑的电商供应链和物流成本结构

一、“进”的成本

“进”的成本是指从始发地到目的地仓库，即 B2B 模式下为了运输货物而产生的全链路费用。海运、陆运、铁路散货（LCL）和整柜（FCL）按体积计费；空运则按重量计费，计费重量分为体积重和重量重。“进”的成本包括以下几个方面。

（1）和运输相关的费用。起运地提货费、起运地出口清关费、起运地文件费、起运地港杂费、起运地港建费和码头操作费，国际干线费（海运、空运、铁路、公路费用），目的地（港口或者机场）进口清关费、目的港到目的仓运费。

（2）税费。大贸进出口税费在目的地进口时（进的阶段）缴纳，跨境进出口税费在消费者下订单时（销的阶段）产生。税费包括进口关税（通过办理 FORME，即原产地证明书，有些国家可以抵扣部分或者全部关税）、增值税、所得税，有的地方还有预提税。

（3）货物保险。为了防止货物丢失或者破损，建议购买保险。

货运保险费=货值×1.1×保险费率

其中，保险费率市场价格为1‰~5‰不等。

LCL、FCL、空运的费用，都可以分摊到单位重量或者体积成本上，而商品的重量和体积信息是可以获取的（注意是毛重上加一定比例，而不是净重或体积），换算成每件商品的单位运输成本。

“进”环节分摊到每件商品的全链路成本=货品单位计费重量×相关运输费用分摊到单位计费重量的费用+单位货值×税费+单位货值×1.1×保险费率。这里的单位货值，是进出口申报价格而不是最终销售价格。

需要注意的是，对于国际运输，很多人以为“只是运费”，实则不然。比如，亚洲线的运费虽然很低，但是港杂费比运费高出很多，货代报价时一定要问清楚全链路的所有费用而不只是运费。

二、“存”的成本

“存”的成本指货到了仓库不能立即售出，需要存储一段时间而付出的成本，主要是仓储成本。

卖家租仓的形式有包仓和公共仓 2 种。

包仓是指租用固定面积的仓库，不管爆仓还是空置，都需要按照固定面积或者体积付费，适用于货量大且稳定，不想在大促期间争抢资源的卖家。

公共仓基本按货品体积收费，体积是包括包装在内的毛体积。对于仓储物流服务商来说（不管是平台官方仓还是市场物流商），不仅要看货物体积，还要看品类的效期和批次管理规则，需要按货物体积乘以一定系数看其真正的存储体积，并转化成仓库体积和面积。对于卖家来说，要确认物流商的仓储收费规则，协同仓库精准维护商品的体积、效期等信息，精准计费。

目前，仓储费基本按库龄进行分层收费：库龄低、周转好的货品，收费低；库龄高、周转慢的货品，收费高。这种收费方式是合理的，可以促使卖家合理进货，避免呆滞库存。如果使用恒温仓或者冷链，仓储费更高，是普通仓的数倍。

分摊到每件商品的仓储成本=仓储收费×货品单位体积×时间

对于中小件很合适甚至可以忽略不计，如 1 立方米库容可以放上万件口红；但对于家居等大件，仓储费不低。

需要特别说明的是，在货物进入仓库时，很多仓储公司还会收取理货费、入库上架费。有的按最大包装（如托盘），有的按最小包装（如纸箱），有的按件理货或者上架。

三、"销"的成本

"销"的成本指订单产生后，为了把订单送达消费者而产生的全部 B2C 费用，包括以下几种。

（1）仓库内打包、订单处理费。有的按订单收取，有的按件收取，有的既要按订单又按件收取。基本都是"首重+续重"的逻辑。

（2）末端派送费用。末端派送费用就是支付给快递公司的费用。有时仓库处理费和末端派送费一起收取。

（3）保价费用。不是所有的货品都需要保价，可以选择。贵品建议保价，一般按订单金额的 1‰~3‰收取。

（4）税费。大贸模式的税费产生于"进"的阶段，而跨境模式税费产生于"销"的阶段。中国跨境进口 B2C 的税叫"跨境综合税"（含关税、增值税、消费税），按 HS Code 区分不同税率，除美妆有高低税率，不同品类一般有固定税率。以东南亚地区为例，跨境出口税费包括进口关税、所得税和增值税，也是根据 HS Code 区分，但是品类比进口分得细。

销的环节分摊到每件商品的全链路成本=(每个订单处理费+每个订单末端派送费)/件单比+单件售价×保价费率（非必需）+单件售价×税率(如果是大贸模式，则在"进"的阶段已经计算，此处不要重复计算)

四、其他成本

其他成本主要有以下几类。

（1）调拨费用。因为缺货等，可能会有 CDC 到 DC 以及 DC 之间的调拨。

（2）增值费用。比如，有些货品需要做特别包装，做礼盒。对于易碎品，要加额外的气柱，甚至需要加鸭嘴泵等。

（3）逆向物流费用。逆向物流费用是指退货回仓库重新上架销售，这个费用不低。直播商品退货比例较高，一定要考虑逆向物流费用。

（4）其他。如破损、丢失、临期、销毁等产生的费用。

（5）库存成本。需要考虑周转不好而导致货物滞销的成本，并于资产负债表中体现。健康的库存是资产，滞销品则可能是负债。

第六节　供应链的两个 ABC

一、帕累托 20/80 法则与 ABC 分类法

ABC 分类法（Activity Based Classification），又称“帕累托分析法”“主次因分析法”“ABC 分析法”“分类管理法”。ABC 分类法是根据事物在技术、经济方面的主要特征，进行分类排列，区别对待、区别管理的一种方法。ABC 法则是帕累托 20/80 法则衍生出来的一种方法。

电商供应链也有两个重要的 ABC。

- ABC 商品分类或分层，根据销售或库存进行分层。
- ABC 成本法（Activity Based Costing），又称“作业成本分析法”，是基于活动的成本核算。

二、ABC 商品分类或分层

ABC 商品分类，在生产管理中应用很广泛，具体有按库存分类（根据价值高低）、按需求分类（根据关注度）、按排产分类（根据排产频

次）等。

电商供应链的 ABC 商品分类，一般是指根据销售金额和销售件数的高低对商品进行分类。

A 爆品：累计销售金额或销售件数占比前 50%的商品。

B 腰部：累计销售金额或销售件数占比 30%的商品。

C 长尾：累计销售金额或销售件数占比 20%的商品。

对于生意计划供应链端，关注的是销售金额和客户；对于物流计划供应链端，关注的是单量和销售件数。销售情况是商品属性，而重量和尺寸是物流属性，换算成可以会计核算的大、中、小件。如图 3-8 所示，从不同视角出发，对电商供应链商品或货品进行 ABC 分类。

其中，A 类商品的占比是 30%、50%或者××%要根据实际情况来确定。从帕累托 20/80 法则的集中度来看，有的商品集中度很高，可能不到 10%的 SKU 就能占 80%的销量了，那么 A 类商品的销售占比可以大于 50%；反之，如果没有那么集中，A 类商品的销售占比则可以小于 50%。除此之外，爆品可以根据需要分成超爆品、浅爆品等。

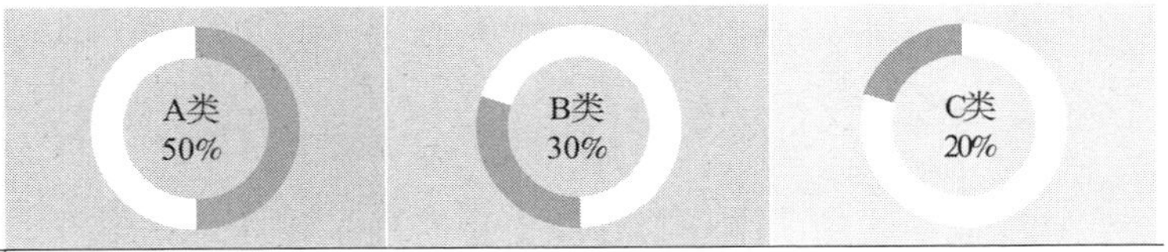

商品分层	A类 50%	B类 30%	C类 20%
商品属性	爆品	腰部	长尾
物流属性	大、中、小件	大、中、小件	大、中、小件
生意供应链视角	销售金额或客户	销售金额或客户	销售金额或客户
物流供应链视角	销售单量或件数	销售单量或件数	销售单量或件数
销售排名	销售累计前50%的商品	销售累计30%的商品	销售累计20%的商品

图 3-8 电商供应链商品或货品 ABC 分类

时常出现的情况是，A 类商品销售贡献大，而 SKU 占比少、库存件数少；C 类商品 SKU 多、库存也多，说明库存不健康，需要关注 A 类货品的 OOS 和 C 类货品的滞销比。

图 3-9 随机模拟了商品 ABC 分类的数据：P1 至 P14 代表商品，A、B、C 是商品分类。可以看出，A 类商品即爆品 SKU 少，库存占比低，销售金额占比高；C 类商品即长尾品 SKU 多，库存占比高，销售金额占比却较低。

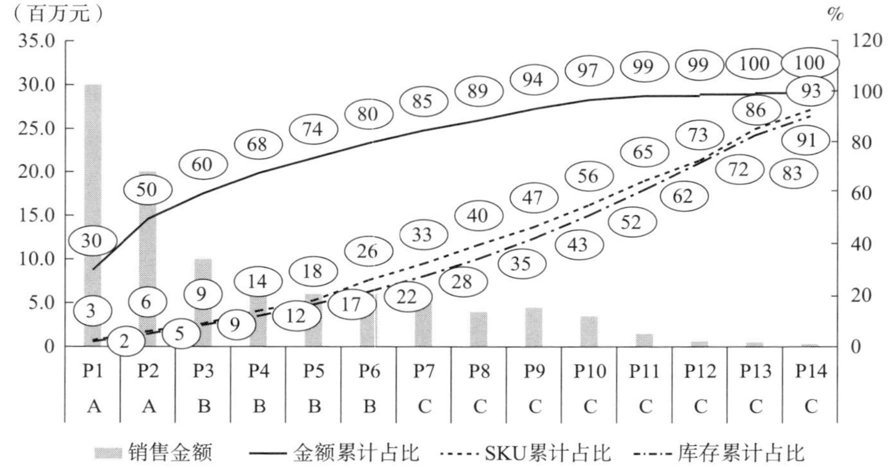

图 3-9　随机数模拟商品 ABC 分类

三、ABC 成本法

ABC 成本法是以作业为核算对象，通过成本动因确认和计量作业量，进而以作业量为基础分配间接费用的成本计算方法。在 ABC 成本法下，作业成本可分为 4 个层次的产品单位成本。

第 1 层，生产单位产品直接耗费，包括原材料、直接人工等，与产量成正比。

第 2 层，生产批次成本，指与生产批别和包装批次有关的资源耗费，包括生产某批次产品需要的生产准备成本、清洁成本、质量成本等，与生产批次的多少相关。

第 3 层，产品维持成本，指与产品种类有关的资源耗费，包括获得某种产品的生产许可、包装设计等方面的成本。其取决于产品的范围及复杂程度。

第4层，工厂级成本，指与维持作业生产能力有关的资源耗费，包括折旧、安全检查成本、保险等。其取决于组织规模和结构。

（一）对于制造业来说

基于商品组合（Product Portfolio）的单位成本，第1、第2、第3层都可以通过日常、月度或者季度S&OP流程的执行和销量预测，比较准确地测算单位成本；或者实际销售产生后，进行分摊。第4层比较难分摊到具体某件或者某些商品，因为所有或者很多商品共享了设备。

（二）对于电商卖家来说

如果不考虑生产（工厂型卖家）或者采购（贸易型卖家）成本，供应链和物流的所有成本都可以准确分摊到具体单位商品上。针对供应链计划"进""销""存"的三段，确认每段发生的整体费用和商品数量，可确认每件商品与所有商品的供应链和物流成本。

（三）对于电商物流平台来说

（1）如果是第三方物流（3 rd Party Logistics，3PL，租用别人的仓库和外包物流人员，没有自建仓储、厂房、运输和配送），成本测算不涉及第4层。因为成本较容易分摊到单位订单（包裹数），通过件单比再分摊到每件商品上，每笔运输费、仓库的存储或操作费或者末端配送费，都可以计算出来。

（2）如果是重运营的自营物流模式（有自建仓储，有厂房，自有仓库、运输和配送团队等），和制造业类似。第1、第2、第3层可以分摊到单位商品上，第4层的固定资产折旧等在短期内难以分摊。

第四章　需求驱动供应链和电商销售预测

无论是传统行业还是电商行业，客户需求都是第一位。对于电商平台来说，客户有两类：一是消费者，二是卖家。电商平台尤其关注卖家利益和消费者体验，其立足点是满足客户需求。销量预测既是基于电商消费者需求，也是传统供应链的一个重要模块。

第一节　需求驱动供应链

需求驱动供应链，又叫“需求链”。以客户为中心、协同与整合是对需求链的要求；需求网络、理解需求、创造需求和管理需求构成了需求链的4个要素。市场响应和生态链合作是需求链的两个成功要素。

一、以客户为中心，理解需求和创造价值

Eloranta（2001）强调要了解需求链中的客户需求。供应链整合了采购、生产和分销，解决了如何生产客户购买的产品问题，而需求链增加了一个新的维度，即如何建立客户关系，以及如何为客户的运营提供价值。为了建立正确的客户关系，供应商需要了解客户的购买流程。

Why，客户使用产品的目的是什么？

What，客户是否提前计划了使用的场所以及如何使用？

When，客户何时使用产品，是否持续使用，是备库存还是组装需求？

How，客户如何做出实际购买决策？

通过理解需求链的客户需求，每一步都有可能创造生意机会。

其中，为什么和做什么与行业供应链解决方案有一定的关联。比如，礼盒就是为了好看，为了送礼，为了有“面子”。何时和制造业供应链的3

种供给模型相联系。如何和直播以及大促相关（冲动型消费、凑单打折等）。需求驱动供应链：理解客户的购买流程如图 4-1 所示。

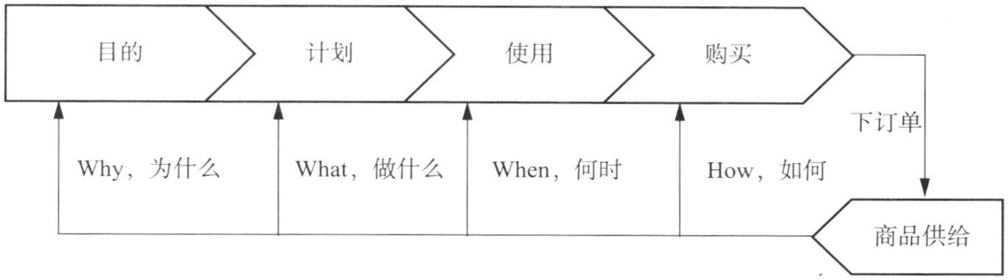

图 4-1　需求驱动供应链：理解客户的购买流程

资料来源：ELORANTA E. Managing the demand-supply chain: Value innovation for customer satisfaction [M]. John & Wiley & Sons，2001：15.

与 Eloranta 对客户的关注类似，Vollmann 等（2000）将需求链定义为一种从最终客户到供应商的供应链管理和协调实践。Lummus 和 Vokurka（1999）指出，是终端客户触发了供应链上下游生产和服务的行为，这些行为基于需求拉动（不是推动），一环扣一环。需求链从客户的角度出发，关注客户想要和需要的产品（Joy，2001）。Chase（2001）将需求链定义为企业的客户、客户的客户的动态网络。Lambert 和 Cooper（2000）将需求链解释为一家企业理解客户需求和要求，并将其与供应链能力相平衡的能力。

二、协同与整合，管理全链路的价值创造

Frohlich 和 Westbrook（2002）称，需求链是企业用来连接客户和供应商的紧密集成网络。Selen 和 Soliman（2002）把需求链定义为从运营视角将单一业务单元或企业扩展到整个生态。从本质上说，需求链是从最终客户开始向后到原材料供应商，一套旨在管理和协调全链路价值创造的实践。

需求链需要在所有业务合作伙伴之间进行广泛的上下游整合，而这些类型的连接因网络成为可能（Frohlich、Westbrook，2002）。竞争优势来自需求驱动供应的全链路无缝协调运营（Bowersox et al.，2000）。客户和供

应商之间的数据流集成度越高，越容易在整个网络中实现供需平衡。

更大的在线协调和相关交付周期的缩短有助于克服“牛鞭效应”（Bullwhip Effect、Lee 和 Whang，2001），并有助于提高效率。需求链也是供应链，但是它在很大程度上强调市场调解和协同，而不是关注产品实物流的有效供应（Treville et al.，2004）。根据 Williams 等（2002）的观点，需求链是对供应和生产系统的管理，旨在通过电子商务（EC）促进上下游原材料供应商、制造商和客户之间的实物流与信息流传递，从而提升客户满意度。

基于 Christopher 和 Ryals（2014）的研究，需求链整合经历了 4 个阶段，如图 4-2 所示。

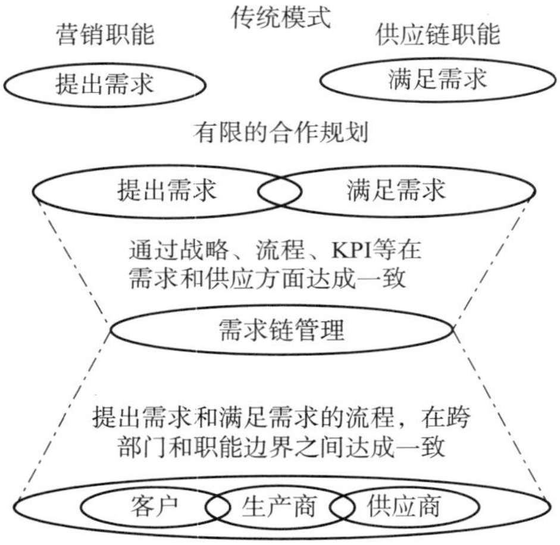

图 4-2　需求驱动供应链的整合

资料来源：CHRISTOPHER M，RYALS L J. The supply chain becomes the demand chain [J]. Journal of Business Logistics，2014，35（1）：3.

第一，在传统模式中，需求和供应是分开的。市场营销负责创造需求，而供应链负责满足需求。

第二，需求和供应之间的有限交叉。

第三，通过战略、流程、KPI 等在需求和供应方面达成一致。

第四，跨职能和组织边界的调整、对齐与整合。

三、需求驱动供应链的四大要素

Langabeer 等（2001）将需求驱动供应链定义为帮助企业理解、创造和管理需求的业务流程与活动的复杂网络。需求驱动供应链包含四大要素：需求网络、理解需求、创造需求和管理需求，如图 4-3 所示。

图 4-3 需求驱动供应链的四大要素

资料来源：LANGABEER J，ROSE J. Create demand driven supply chains［M］. Oxford：Chandos Publishing（Oxford）Ltd，2001：6.

（1）需求网络。需求链的特点是关键业务流程的复杂交互，具有多种功能。这些交互被称为“网络”，因为它们发生在多个层面（如战略、运营和战术），并侧重于解决复杂的规划决策。

（2）理解需求。需求链管理试图分析与理解企业当前和潜在范围商品的市场总体需求。在这方面，需求链包括预测、市场研究、商业智能和战略规划。

（3）创造需求。创造需求包括许多与营销、销售和商品管理相关的流程，这些流程有助于企业控制商品的属性。例如，通过促销和定价刺激或缓和需求（这就是经济学家凯恩斯所说的“看得见的手”，企业和政府一样，可以对需求进行干预，创造需求，促进经济的内外循环）。

（4）管理需求。企业通过执行一些关键业务流程管理需求，如平衡供需，通过特定销售和分销渠道确定与分配商品，以及通过有效的客户关系管理提高客户服务水平。

图 4-3 从线和面的角度展示了需求链，而图 4-4 则是从整个业务生态视角更加立体地看需求链。以消费者需求为中心点，产品营销、需求链、供应链、战略管理处于一个立体空间。其中，需求链包括了分类管理、需求计划、S&OP、供需平衡、预测、协同规划（CPFR）、采购计划、库存计划、产品组合/渠道管理、客户关系管理、促销/价格规划。

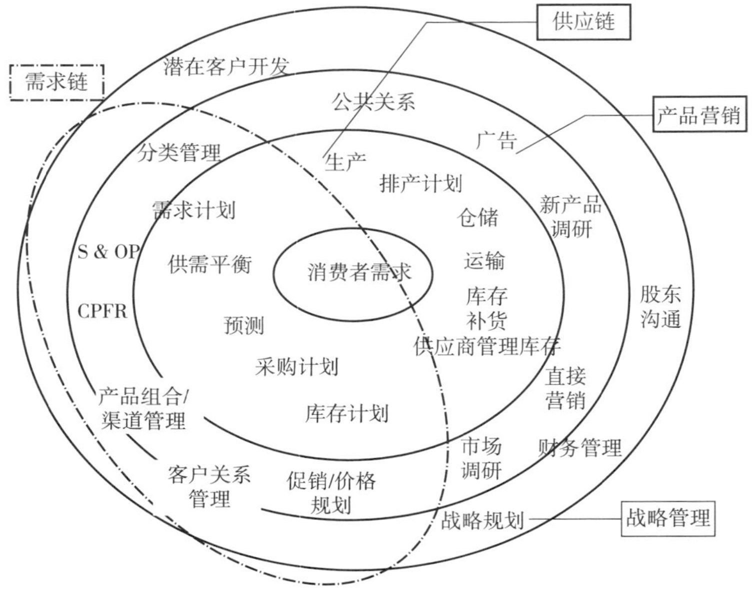

图 4-4　多维度需求驱动供应链的构成因素

资料来源：LANGABEER J，ROSE J. Create demand driven supply chains [M]. Oxford：Chandos Publishing (Oxford) Ltd，2001：9.

四、需求驱动供应链的成功要素

需求驱动供应链有两大成功要素：市场响应和生态链合作。

（一）市场响应

Juttner 等（2007）指出，需求链设计是基于对市场的透彻理解。需求链有助于企业提高市场响应能力，因为它基于以客户为中心的商业文化，并提供定制化的价值产品（Wayland、Cole，1997；Blackwell、Blackwell，1999；Walters，2002）。需求链与营销密切相关，并对市场做出响应。Agrawal（2012）提出了市场响应的 5 个信息技术支持的需求链综合因素。

1. 需求驱动的业务策略

需求驱动的业务策略包括定制的价值提供、供需匹配、需求拉动营销策略、以客户为中心的企业文化。

为了最大化客户价值，企业需要一种需求驱动的业务战略，其理念是围绕着价值链中的市场导向和以客户为中心的商业文化。价值链必须以需求为导向，以具有成本效益的方式实时拉动客户并满足其需求。为此，企业需要为消费者和业务合作伙伴提供定制价值（具有成本效益的最佳市场利益）、匹配供需、采用拉动营销策略，并在整个组织中灌输以客户为中心的商业文化。

2. 实时信息流

企业基于市场响应要实现最低限度的需求信息扭曲（减少“牛鞭效应”）、需求信息及时共享、以数据智能和信息为中心的决策机制。

如果没有完整的从客户需求到供应商的信息流，就无法满足需求。需求信息共享的任何扭曲或延迟都会导致不确定性，从而使整个销售网络中的库存过多，即为“牛鞭效应”，使物流系统出现故障。

美国供应链管理专家 Hau L. Lee 将“牛鞭效应”称为“需求变异加速放大原理”，指的是信息流在从最终客户端向原始供应商端传递时，无法有效地实现信息共享，信息逐步失真和放大，需求信息出现越来越大的波动。这种信息的失真在图中被放大，就像甩起的牛鞭一样，因此被称为“牛鞭效应”。“牛鞭效应”如图 4-5 所示。

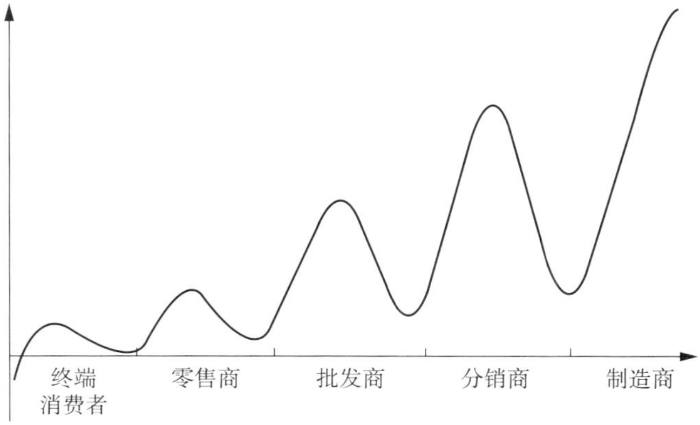

图 4-5 “牛鞭效应”

资料来源：依据 Hau L. Lee 对“牛鞭效应”的定义，笔者自行绘制。

因此，跨网络的需求信息及时共享至关重要，各种业务决策必须基于市场情报、信息和数据智能，同时传输到不同的地方，以便立即有效地执行。

3. 利用渠道分销

企业必须汇聚渠道资源增值、建立渠道关系、合理分销成本。渠道分销可确保可持续的竞争优势、更大的市场支配地位和长期业务发展。分销策略基于一些积极主动的理念，如分销效率、资源聚合以及建立和维护渠道成员合作关系。

4. 优质的物流服务

实时商品获取、防止缺货且不会滞销、小批量持续补货、提升需求履行能力、商品从源头到客户的快速和实时需求履约，都需要优质的物流服务和物流系统。企业必须强调和重视物流服务的优质性，以创造和交付卓越的社会价值，满足复杂和不确定的需求。

5. 利用信息技术和数据

企业要充分利用信息技术和数据，完成销售流程自动化、基于电商和网络的透明商业交易、渠道结构去中介化、重构渠道结构媒介。信息技术支持的营销和销售流程有助于企业提高市场响应能力，使企业实时捕获和处理需求数据，以快速满足需求。基于电商和网络系统，让有关营销、品牌、推销、销售、促销计划、订单状态和发货计划的信息完全可见，使业务交易更加透明。如图4-6所示，信息技术增强了其他 4 个因素并将它们联系在一起。

（二）生态链合作

当今，制造业的主要挑战之一是既要有效率又要有结果，如客户满意度。通过客户和供应商的基础整合，去除生态链中不必要的步骤，加快信息和物料流动，以及与主要客户和供应商建立长期合作伙伴关系，利用和整合生态链中多家企业的能力，实现更快的增长。Heikkila（2002）提出了以下生态链合作的成功因素，以建立高效且客户满意的需求驱动供应链网络。

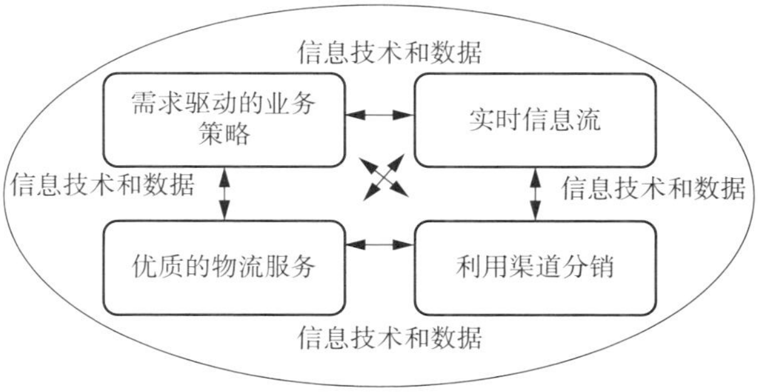

图 4-6 信息技术支持的需求链成功因素

资料来源：AGRAWAL D K. Demand chain management：Factors enhancing market responsiveness capabilities [J]. Journal of Marketing Channel，2012（5）：17.

（1）良好的关系特征有助于可靠的信息流。

（2）可靠的信息流有助于高效率。

（3）了解客户的情况和需求，以及良好的关系特征有助于客户和供应商之间的合作。

（4）在实施需求链改进方面的良好合作，有助于提升效率和提高客户满意度。

（5）高客户满意度有助于建立良好的关系特征。

第二节 需求驱动供应链的流程

一、预测、计划、客户和商品管理

Rainbird（2004）将需求驱动供应链定义为对当前和未来客户期望、市场特征且通过部署运营流程满足这些需求的可用方案的理解。核心需求管理流程包括：需求预测、需求计划、客户和商品管理。

完整的需求驱动供应链管理流程如图 4-7 所示。

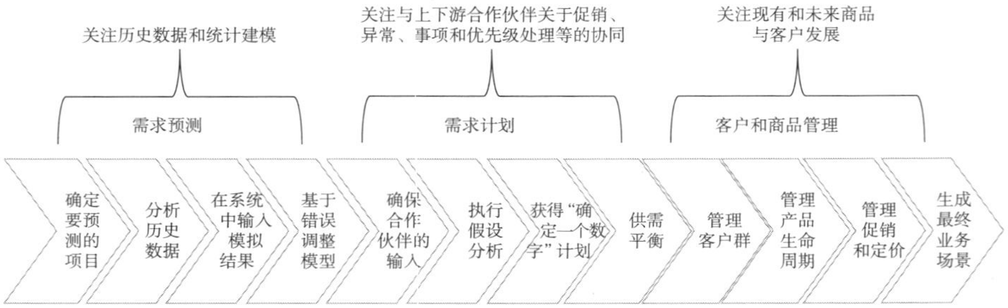

图 4-7　需求驱动供应链管理流程

资料来源：LANGABEER J，ROSE J. Create demand driven supply chains［M］. Oxford：Chandos Publishing（Oxford）Ltd，2001：67.

（1）需求预测（关注历史数据和统计建模）：确定要预测的项目，分析历史数据，在系统中输入模拟结果，基于错误调整模型。

（2）需求计划（关注与上下游合作伙伴关于促销、异常、优先级处理等的协同）：确保合作伙伴的输入，执行假设分析，获得“确定一个数字”计划，供需平衡。

（3）客户和商品管理（关注现有和未来商品、客户发展）：管理客户群，管理产品生命周期，管理促销和定价，生成最终业务场景。

二、规划、沟通、影响和优先级

Crum 等（2003）提出了需求驱动供应链的管理流程，如图 4-8 所示。

（1）规划需求，包括但不限于预测。

（2）沟通需求，包括将需求计划传达给供应部门和财务部门，并传达给供应链合作伙伴。

（3）影响需求，包括营销和销售策略、产品定位、定价、促销以及其他营销和销售工作。

（4）管理需求，确定优先级，包括管理客户订单以匹配可用资源。

在模型中，各个要素相互影响，4 个要素同时与支持流程的信息相结合，实现完整的需求视图。

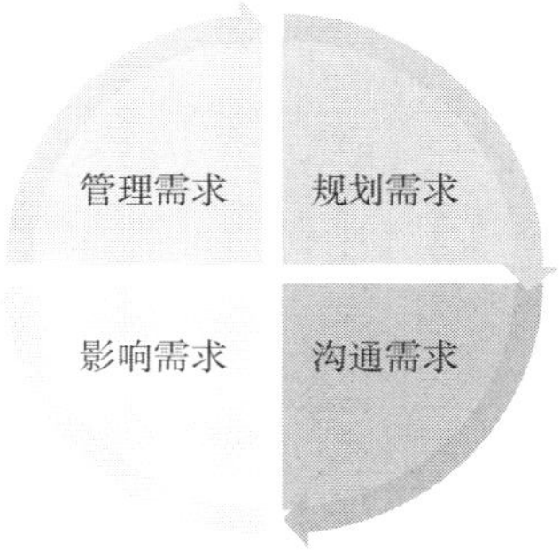

图 4-8 需求驱动供应链的管理流程

资料来源：CRUM C，PALMATIER G E. Demand management best practices：Process，principles and collaboration［M］. Florida：J. Ross Publishing，2003：11.

第三节 S&OP

根据 Wallace（2004）的观点，S&OP 是需求驱动供应链的重要环节，是帮助企业保持供需平衡的业务流程，通过关注总量（如产品系列或产品组）可以轻松地处理混合问题（单个产品、客户订单）。

Amours 等（2008）指出，执行 S&OP 是为了平衡需求和包括生产、分销、采购及财务的所有供应能力，以确保所有业务计划和绩效顺利实现，支持业务战略计划并保持一致。S&OP 是一个协同整合的计划过程，收集来自不同职能部门的计划，评估和化解冲突并达成共识，以生成一组独特的计划协调和控制业务绩效。

一、S&OP 的输入

S&OP 是跨职能的，涉及综合管理、销售、需求计划、制造、物流、财务和产品开发等多个级别部门和人员，包括负责业务部门的执行官（如部门总裁、业务部门总经理等）。

依据 Poirier（2004），职能参与者不仅要做好准备，还要积极参与讨论，提供来自其负责领域的相关信息以及对其他部门的需求信息。

例如，运营人员要分析运营相关数据；销售人员要讨论未来销售趋势及来自关键客户的特殊信息；营销人员要准备新产品和特殊促销信息或市场趋势；财务部门要关注如何实现企业的生意目标以及将销售预测与目标相匹配；战略规划部门要密切关注当前绩效如何与企业长期战略相匹配。S&OP 的跨部门输入如图 4-9 所示。

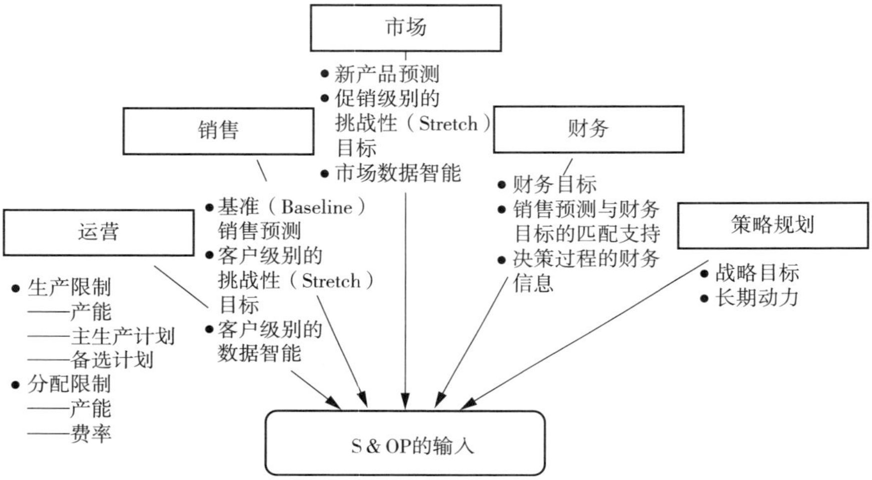

图 4-9　S&OP 的跨部门输入

资料来源：POIRIER C C. Using models to improve the supply chain [M]. Florida: St. Lucie Press, 2004: 137.

二、S&OP 的流程

S&OP 将企业的战略计划和业务计划及详细流程联系起来：订单输入、主计划、工厂计划和采购。S&OP 使企业的管理层能从整体上看待业务，并为其提供一个了解未来的窗口，以避免缺乏满足客户需求的运营能力。依据 Poirier（2004），S&OP 工作有三大步骤。

第 1 步：需求审查。目标是创建最准确的需求预估，确定需要解决的关键问题。此阶段的输出是对预测结果的审查以及任何必要的调整，以确保其与战略保持一致。任何不平衡都将被清楚地识别、发布和沟通，且成为正式的需求声明。

第 2 步：供需的平衡与妥协。目标是解决供需之间任何不平衡的细节问题、分析风险和成本、预测结果以供执行官审查和批准。此阶段的输出是更新的生产计划、需要做出的资源决策，以及针对管理团队未解决问题的方案批准、仲裁和战略决策。

第 3 步：决策对齐。目标是审查管理决策的影响，并进一步做出战略决策。如有必要，输出将是对主生产计划的更改，以及向高级管理人员提供的战略简报。

图 4-10 为 S&OP 流程的 3 个步骤。

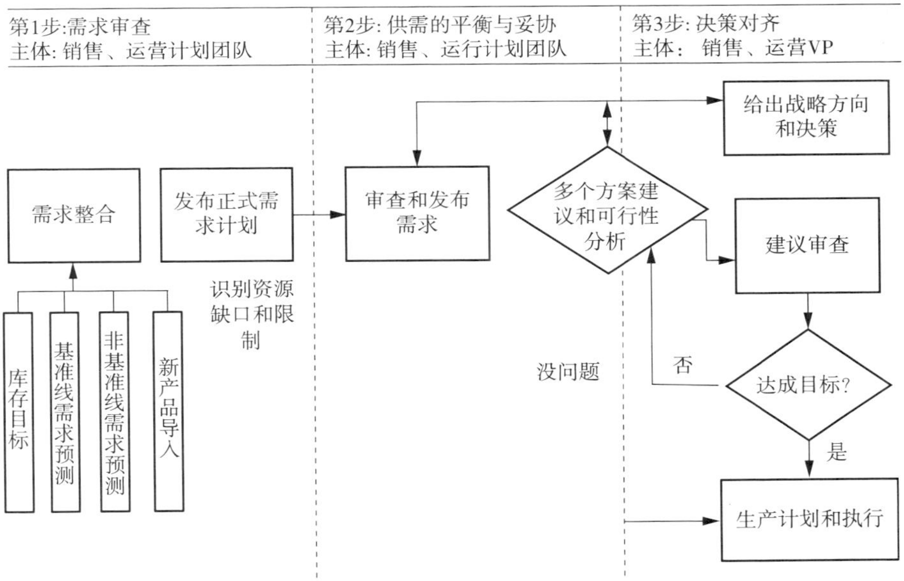

图 4-10　S&OP 流程的 3 个步骤

资料来源：POIRIER C C. Using models to improve the supply chain [M]. Florida: St. Lucie Press, 2004: 142.

三、S&OP 的成功因素

Lapide（2004）提出了一系列因素，这些因素可以帮助有效实施 S&OP 流程，并且保持卓越的供应链运营绩效。具体如下。

（1）持续的例行 S&OP 会议。

（2）结构化的会议议程。

（3）支持会议的前期工作投入。

（4）跨职能参与。

（5）参与者有权做出决定。

（6）一个公正、负责任的组织运行一个有纪律的流程。

（7）达成共识、问责制的内部协作过程。

（8）基准（Baseline）预测以启动流程。

（9）联合供需规划，保障供需平衡。

（10）过程衡量。

（11）协同整合供需规划的技术支持。

（12）流程的外部输入。

第四节　需求驱动供应链的需求预测

为应对需求的不确定性和预测错误，企业通常会持有安全库存。基于“牛鞭效应”，越往供应链上游，变化越会被放大。根据 Mendes（2011）的说法，由于供需不匹配、中小批量产品的预测准确性低、需求变化大或大量新产品推出，很多企业持续运用预测工具和流程。

一、定性和定量的预测方法

在实践中，大多数企业基于来自不同客户的区域销售输入预测需求，行业根据其区域知识和市场洞察力进行调整（Chien et al.，2010）。不同的区域、领域和行业虽应用了不同的预测方法，但现有大多数需求预测研究采用了时间序列方法（Hamilton，1994）。Seifert（2002）认为，预测技术不应该只基于销售的时间序列观察，还应该将那些关于外部影响的信息考虑在内。

Makridakis（1998）将预测技术分为两类：定性和定量。定性方法主要包括团队共识、销售人员调查和客户调查，而大多数定量预测方法属于时间序列分析的范畴。

二、改进需求预测是循环过程

依据 Poirier（2004），改进预测很重要的一点是要认识到它是一个循环过程。图 4-11 为一个循环预测过程，可以看出，此类过程始于任何系统可用的信息，如订单、销售点数据和发货。历史需求信息可以被永久维护在系统中，可根据市场和客户情报进行清理或调整，再应用统计预测工具。图 4-11 中的流程受到整个组织努力的影响，包括满足财务预期的需要。

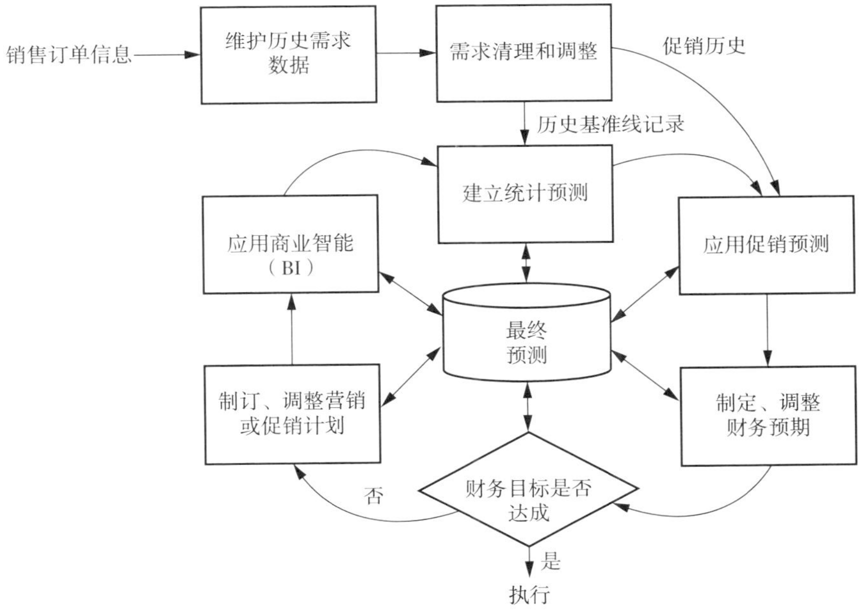

图 4-11 循环预测过程

资料来源：POIRIER C C. Using models to improve the supply chain [M]. Florida: St. Lucie Press, 2004: 100.

循环预测过程具体为：销售订单信息→维护历史需求数据→需求清理和调整→在历史基准线的基础上应用 BI，建立统计预测→根据促销历史，应用促销预测→制定、调整财务预期，制订、调整营销或促销计划→生成最终预测→财务目标是否达成？是，则执行。

第五节　如何做好电商大促销量预测

一、预测不一定总出错

基地系列科幻小说家阿西莫夫说：预测几乎总会出错。

销量预测不准吗？笔者在做大促预测时，团队面对上亿件备货，预测准确率如下：大盘单量97.3%~99.7%、30多个仓的分仓加权平均85.8%、峰值库存98.5%、仓容计算99.1%、小时预测加权平均95.0%以上。这是团队力量和协同合作的结果。

用电商的语言来说，是从上往下（Top down）和从下往上（Bottom up）的匹配。笔者所在团队面对上亿件备货，预测做得较好离不开3个条件。

（一）团队

预测是多维度的，既需要高层的支持，包括人、数据、资源，也需要团队的通力合作。线下内、外部团队要做好分工：有人做在途追踪，有人做仓容精细化，有人做出库准备，有人核对数据，有人对接市场和销售，有人和大客户沟通；线上有产品技术BI团队的数据和系统，“团队+人脑+机脑”协同整合方能完成。

（二）下功夫

方法论和系统是必需的，但是系统初始不会很完善。对于初创企业，或者中小企业，做预测和做其他任何事情一样，好的结果一定来自长期的努力付出。

（三）熟悉每一个细节

预测表面上看是在“猜”，其实是基于数据和经验，要熟悉大盘每个细节。笔者的同事总能准确预测几十亿GMV、几千万的单量。有一次，她觉得GMV目标不容易做到，在做单量预测时打了个折，结果准确率几乎100%。可能有人认为这有运气的成分，但笔者要强调的是，这样的结果是建立在其对通盘和细节了如指掌的基础上。

接下来讲一下从上往下目标拆解和从下往上盘货聚合的计算方法。

二、从上往下目标拆解

从上往下目标拆解就是从最大颗粒度（业务大盘）往下分解目标，每条业务线、每个区域、每个行业的目标，直至最低目标（最小是SKU维度）。

巴菲特说过，近似的正确好过精确的错误，有时候不需要太纠结每个细节，所谓“大行不顾细谨，大礼不辞小让”。从上往下目标拆解需要从多个维度来看：同比、环比、竞争对手、品类趋势变化、消费者偏好等。直播要单独分析。

目前预测主要方法是时间序列移动平均法，简单地说，就是根据历史因素基于一定变量预测未来。从上往下目标拆解需要经过好几轮调整和校验。

第1轮，根据历史占比计算出第1轮业务、区域、行业维度。

第2轮，结合品类趋势、区域趋势变化，调整占比。不同品类在不同区域消费占比没有明显差异，但是个别品类和其他品类的区域占比明显不同，在北京、上海、广州、深圳等一线城市比例明显高出很多，如与宠物相关的宠粮等，这时候做区域占比就要注意了。

第3轮，根据新出现的变量，调整占比。比如，越来越多的品类仓，还有直播仓，甚至政策变化如税改导致某些品类只能在特定区域售卖，或者政策导致某些区域无法销售。大环境的变化，也是影响非常大的变量，如极寒或者极热天气会导致品类销售的上升或者下滑。

诸如此类，可能还会有第N版。

三、从下往上盘货聚合

从下往上盘货聚合，就是从最小颗粒度（SKU）到最大目标，用电商的话就是“盘货”。

第1轮从上往下目标拆解后，各个业务或者区域认领。接下来就要通过从下往上盘货聚合去匹配从上往下目标拆解。当两者匹配不上时，就要调整目标。从第 2 轮开始，从上往下目标拆解要与从下往上盘货聚合进行匹配，需要各类人工输入，并反复调整。

在分区和分业务的目标之下，还有子区域和子业务。从下往上盘货聚合首先进行一次区域、业务到子区域、子业务的从上往下目标拆解，再从小颗粒度往上聚合，主要是 SKU 与品类、卖家或店铺两个维度的从下往上盘货聚合。

（一）SKU 和品类维度

不是所有的 SKU 都要盘货，遵循帕累托 20/80 法则（20%商品占了 80%的销售），在 SKU 过多的情况下，只需盘 10%左右的商品，但是特殊品类（新品、贵品、大件、直播商品、头部品牌商品等）须全部盘到。一方面是为了提高预测准确率，如此后续的物流资源才能精确安排；另一方面是为了推动大促的成交与后续的持续打爆和成交。

新品，有较大的不确定性，需要花费更多时间去观察和预测，一次大促打爆直接影响后续很长时间的成交量。重点新品的 SKU 有时需要一个个看，如是全新商品还是替代商品。新品很少甚至没有历史数据可以参考，需要结合相似商品、类似品牌、行业属性进行人工判断。

贵品，除了影响成交金额外，更重要的是影响物流解决方案和消费者体验，包括库内特定区域存储（库容，库内温度、湿度等要求）；更快的出库时效或者特殊包装（出库可能需要特定的打包台，甚至培训特定的打包工人，指定拣货分装、包装礼盒等）；接入顺丰特快（末端配送）。

大件，也许成交不多，但占用库容大，末端配送可接入德邦大件等，否则易影响时效、成本、消费者体验。大件可以再细分品类，如尿不湿、奶粉、椅子、家具等。

直播商品，特别是头部主播商品，爆发力无法和正常品对比，一般备多少卖多少甚至不够卖，售罄率 100%。但是直播品的退货率更高，为了卖家利益最大化，要安排逆向物流。

头部品牌商品，更多是为了长期合作、品牌形象和宣传。同时，头部品牌要求更多、有更复杂的物流解决方案，如礼盒和赠品等。大贸商品做买赠和礼盒相对简单，而跨境商品则比较复杂，需要提前设计方案、提前打包、系统安排礼盒库位、包装 S&OP，才能降低破损率、提升服务质量、保障消费者体验。

（二）卖家或店铺维度

依据帕累托 20/80 法则，一定要做好销量占比前 80%店铺的预测。重点 SKU 基本上都出现在重点店铺清单中，所以在进行重点店铺预测时，可以同时做重点 SKU 预测。少数特殊品类如大件有可能不在重点卖家的商品清单中，要单独盘点。某个店铺或者某个 SKU 能销售多少，不仅要看需求端，还要看供给端，有时候是拿不到货，有时候是要 A 品却只有 B 品。

从下往上盘货聚合预测是一个浩大工程，一般经过一两轮差不多就成形了。少数可能要来回几轮，供应商、店铺与平台供应链才能达成一致。跨境链路较长，从预测到货物实际到达中间可能经过一两个月的时间。其间，物流供应链的入库可视和预计是一个关键变量。

若因延迟导致货来不了，须联动市场和销售调整目标，但这个时候大目标和子业务目标不能调整，需要多卖 B 品以弥补 A 品的不足。在条件允许的情况下，可以预售和负卖，预售比较常见，负卖却很少见，因为很有可能订单产生了货却来不了或者来得很晚，影响消费者体验。

从上往下拆解目标，从下往上确定目标，经反复调整两者最终达成一致形成闭环，再经过跨团队的多人协同，销量预测准确性基本上可以保障。

第六节　如何做电商日常销量预测

这里说的销量预测不是 GMV 或者金额的预测，而是基于供应链和物流视角的销售单量预测。

要做准大促预测，除了叠加大促的各类因素、跨团队的协作和努力之外，更需要日常销售预测经验积累，熟知影响日常运营预测的各类因素和细节。

一、Why：降本和提效

一般而言，电商两天一小促，每天做几个品类和达人直播，过几天又参加闪购、巨划算之类的活动，销量浮动比较大。

那么，仓库人员怎么安排，多少正式工，多少临时工？产线要开几条？仓配交接怎么做？配送分拨中心预留多少空间，安排多少人？末端配送安排多少辆车？

若发现当天销量暴增，临时增加人手必然来不及，订单出不来，就要延长时效。现在，国内消费者对当日达、次日达、三日达时效已经习以为常了。外卖半小时没到可能就着急了，如果一个快递让消费者等上 3 天没发货，消费者很有可能取消订单或者投诉咨询。订单取消率迅速上升，客服人员可能都应接不过来。

同样，订单减少，可能导致人员、产线和车辆等资源的浪费，一辆车一天就要上千元费用。

在销量预测做得比较好，且有规律可循情况下（如不同直播品类和达人的爆发），可以和外包公司提前确定临时增加人数、合理安排正式工和临时工的比例、提前调度车辆。成本下来了，时效提升了，消费者体验自然会好。

同时，销量预测还直接影响货品效率和库存成本。售量预测准确了，SMI 减少、爆品 OOS 降低，可在降低库存成本的同时，增加销量。

二、Who：计划供应链与物流供应链管理者

物流计划供应链管理者可参考 GMV 预测，基于物流要素的判断，做单量的预测。物流仓储和运输配送供应链管理者可根据单量预测，做产能、人员、车辆等准备。

大盘 GMV 的预测更多是自上往下的目标拆解，多数时候要根据财年目标去定，而单量的预测既涉及物流部门全年的策略和规划，又涉及日常精细化运营的排兵布阵。

三、How：日常销量预测 6 步走

如图 4-12 所示，可从 6 个方面做日常销量预测，实现降本和提效的目标。

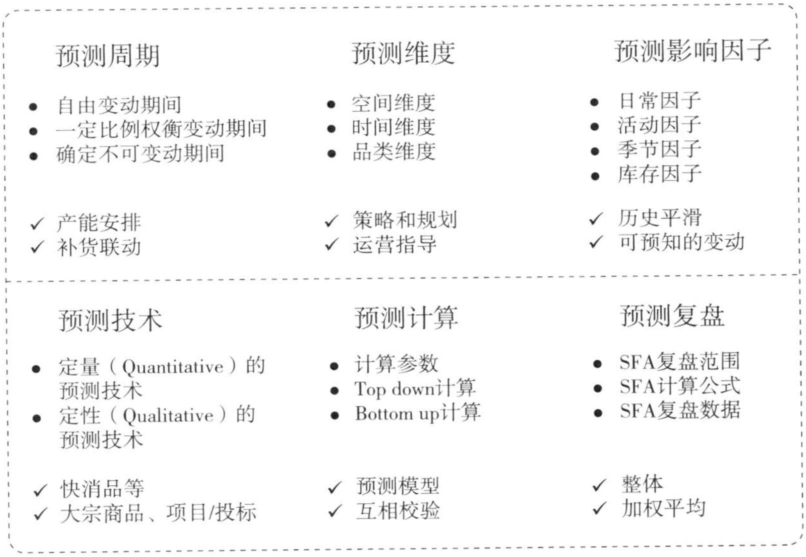

图 4-12 日常销量预测的 6 个方面

（一）预测周期

预测周期，是指提前多长时间做预测，可从产能安排和补货联动两个角度来考虑。

（1）产能安排。引入制造业供应链计划协议（Schedule Agreement, SA）中 3 个关于周期的概念：自由变动期间（Free Zone）、一定比例权衡变动期间（Trade-off Zone）、确定不可变动期间（Firm Zone）。

在制造业，销量预测需要和生产及物料控制（Product Material Control, PMC）协同。

- 自由变动期间，只作为参考，这个时间点可以自由调节。
- 一定比例权衡变动期间，作为产能安排的依据，只能在一定阈值内（tolerance）调整，如±10%。

• 确定不可变动期间，产能等各种资源已确定无法变动，销量变动会引起成本增加，或者交付时间延长。

在制造业供应链，须与上下游都确认好以上 3 个时间，如果客户在一定比例权衡变动期间销量变动超出阈值，或者在确定不可变动期间变动，需要承担额外的成本或者损失。同样，供应商如果不能生产出预测范围内的商品或者数量，也要承担责任。

在电商供应链，SA 的 3 个周期同样适用。

• 自由变动期间，用于中长期的仓储规划，预计大概需要多少仓容、多少人、多少辆车。日常的话，一般按季度规划。大促时，跨境电商根据补货周期要提前 3~5 个月，国内电商要提前 2~3 个月进行规划。

• 一定比例权衡变动期间，短期的仓储、运输运营的计划安排，日常的话，一般以每月，灵活一些的可以是每 2 周甚至每周为期限，取决于人力资源的安排。

• 确定不可变动期间，基本做不了什么调整。如果销量减少，就会浪费人力、物力；如果销量增加，包裹发不出去，只能延长时效，影响消费者体验。

以日常运营仓库产能准备为例，因为生产线是固定的，主要资源是操作人员。非大促和高峰时期，做得好的仓库可以提前一周甚至 3~5 天调配一定比例的工人。如果 W-2 提供 W-1 与 W0 预测（W-2 为上上周，W-1 为上周，W0 为本周），则 W-2 是自由变动期间预测，可调；W-1 是一定比例权衡变动期间预测，可在一定阈值内调整；W0 是确定不可变动期间预测，不可变动，实际与预测的偏差会增加物流成本或降低物流时效。

（2）补货联动。销量预测是影响补货的一个重要参数。没有销量预测，就不知道接下来的可能售量，也就没有补货建议了。比如，从欧美进口的跨境电商，如果“门到门运输时间+采购时间”是 2 个月，那么至少要提前 3 个月进行销量预测，因为中间还需要预留下发补货单和采购单等时间。比如，出口东南亚的跨境电商，如果“门到门运输时间+采购时间”是 1.5 个月，那么差不多要提前 2~3 个月做预测。电商供应链一般要做滚动 13 周的销量预测和对应的补货计划。

（二）预测维度

（1）空间维度。整体销量、各个物流仓销量。

（2）时间维度。年度、季度、月度、周、天、小时。

（3）品类维度。商品属性（爆品的 SKU 维度）、物流属性（大、中、小件，特殊品类）。

在策略和规划层面，需要做年度、季度的整体销量预测。这和物流的年度规划、P&L 相关。物流成本除了固定资产的投入外，主要是 ABC。也就是说，租仓的成本、每个包裹的包材、人工与配送成本都可以精确计算和分摊。因而年度、季度的整体销量预测，会决定财年的采购和物流服务定价。

在运营指导层面，则看各物理仓和各物理仓下品类、月、周甚至天的销量预测（大促时需要到小时，日常预测没有必要精确到小时，到天比较常见）。通过精确到周和天维度的销量预测，进行产能安排。

（三）预测影响因子

（1）日常因子。日常因子主要为历史销量，可以应用时序规律。如果是生鲜行业，天气也是一个重要因素。

（2）活动因子。例如，节假日、聚划算、闪购、直播等，对直播影响较大，达人或者品类不同，爆发系数都不一样。直播和其他活动类似，可以根据历史达成、品类摸索出相应的规律。

（3）季节因子。季节性商品、品类的迭代、新老 SKU 的替换，都可以归类为季节性因子。如果针对品类和爆品 SKU 维度，在为运营做产能准备时，季节性因子的影响很大。如果是进行整体的规划预测，则不需要太精细。

（4）库存因子。库存因子是预测日常销量要考虑的最重要因素，要考虑是否有足够的库存，是否会缺货。在采购和分销层面，重点品类需要锁货：能否拿到货，拿不到货时是否有其他货源替代。库存既会影响预测，也会影响整体规划。如果在运营层面锁定产能，库存只有精确到天，才能比较准确地估算出对销量的影响。

（四）预测技术

预测技术有定量和定性两种，通常需要把两者结合。

（1）定量的预测技术。目前，最常用的方法是时间序列方法，整体逻辑是通过历史销量推导未来的销量。时序方案通常不需要线下做，线上已经有一套比较成熟的模型；通过机器学习和深度学习，进行基础数据修正、异常值检测（主要有新颖点检测和离群点检测）、缺失值补充等，产出未来某周（目前基本为 13 周）的销量预测。

（2）定性的预测技术。在定量的基础上，做人工调整，电商叫作“销量预测协同”。大促主要通过盘货，日常主要由供应链和各方（采购、卖家、行业、营销）进行预测协同。举例如下。

- 直播的预测，在系统算法不够精准的情况下，要找出直播仓与直播的品类和 SKU，根据爆发系数和库存情况，手动调整。
- 当某些爆品的 SKU 断货，可能卖不了预计的那么多，销量就要下调。
- 季节性商品或者新品，旧 SKU 销量要往下调，新 SKU 要往上调。
- 是否有搬仓、挪仓等情况。

定量预测往往不够准确，而定性预测协同是一个长期的学习过程，特别是定性的预测协同，需要花时间进行研究。

- 不同活动在不同时间段的成交表现、价格折扣等有区别。
- 直播达人、价格、时间段、品类的爆发系数有所不同。
- 不同品牌的表现力。国际大牌基本不会折价销售，但是经常有买赠。赠品预测怎么做？因为赠品影响件单比，件单比越高拣选效率越低。
- 锁货商品的持续成交情况。
- 其他。

摸索相应规律并将这些规律线上化，不断调优算法；协同仍然是必要的，只是减少了线下的人工作业，靠的是积累、熟知每个细节及基于长期观察的敏锐判断。

在制造业大宗商品的销量预测上，如服务器，或者是基于项目或投标的订单，定性方法更适用。快消品的销量预测，以定量为主，以定性为辅的方法更适用。定量预测通过算法可以做好，定性预测则需要更多的线下协同。

（五）预测计算

计算的方法有从上往下目标拆解和从下往上聚合。

在大促时，先从上往下拆解目标再从下往上聚合，两者相对比并反复校验。在日常售量预测中，在不同时间段可以运用不同的计算方法。在系统的预测模型中，基本由 SKU 维度往上聚合，所以以从下往上聚合为主，要看聚合的整体数据与大盘目标是否吻合。

1. 计算参数

- GMV：整体成交目标、分行业目标。
- 仓渗透率：直邮比例、自有仓比例。
- 分仓比：大仓和小仓、主仓和次仓、每个仓占整体大盘的比例。
- 笔单价：对于生意端，主要看客单价，就是每个客人每笔平均支出；对于物流端，看的是主订单，也就是每笔订单的平均价格。
- 件单比：每个主订单的平均件数。
- 件单价：每件的平均价格。

比如，消费者在同一家店铺下了一笔订单，包括 2 支口红、2 支粉底液和 1 支腮红，总共 2000 元。那么，笔单价 = 2000 元，件单比 = 5，件平均单价 = 2000/5 = 400（元）。

2. 从上往下目标拆解计算

- 整体单量 = 整体 GMV 目标×整体仓渗透率/整体平均笔单价
- 行业维度单量 = 分行业 GMV 目标×分行业仓渗透率/分行业平均笔单价
- 仓维度单量 = 整体 GMV 目标×整体仓渗透率×分仓比/分行业平均笔单价
- 时间维度单量 = 整体单量×天占比或小时段占比

3. 从下往上盘货聚合计算

- 重点店铺爆品 SKU 维度销售件数 = SUM ｛SKU 维度 GMV 目标×仓渗透率/SKU 单价｝（注意：SKU 维度，只有件数的预计，没有单量的预计，因为多数情况是同一个主订单下不同的 SKU）
- 重点店铺维度整体单量 = 爆品 SKU 维度总销售件数/爆品件单笔/爆品在整个店铺的占比
- 重点店铺分仓维度单量 = 店铺整体单量×分仓比
- 分仓单量 = 重点店铺分仓单量/店铺单量占比
- 整体单量 = SUM ｛分仓单量｝ = SUM ｛重点店铺单量｝ /重点店铺整体占比

（六）预测复盘

如何衡量销售预测准确率（Sales Forecast Accuracy，SFA）和改进的 SFA？在预测周期内，确定不可变动期间的预测不须衡量，主要看一定比例权衡变动期间和自由变动期间的准确率。衡量日常预测的准确率一般要精确到周和天。

（1）SFA 复盘范围。以日常运营仓库产能准备为例，W-2 提供 W-1 与 W0 预测，W-1 是一定比例权衡变动期间，W0 是自由变动期间。因为日常预测是每周滚动进行，所以在 W0 回顾 W-2 提供的 W-1 与 W0 的预测准确率，在 W-1 更新 W-1 与 W0 的预测准确率。

（2）SFA 计算公式（备注：ABS 为绝对值）。

- 1 周整体 SFA = 1-ABS（整周预测单量-整周实际单量）/整周实际单量
- 1 周每天的 SFA = 加权平均 ｛1-ABS（每天整体预测单量-每天整体实际单量）/每天实际单量｝
- 1 周每天分仓的 SFA = 加权平均 ｛1-ABS（每天各仓预测单量-每天各仓实际单量）/每天各仓实际单量｝

（3）SFA 复盘数据。要从整周、每天、分仓、分品类维度看预测准确率。看什么时间、哪些品类做得好或者不好，从定性和定量两个方面分析原因，再决定如何改进。

随机列举数据模拟周维度某个仓的 SFA，如表 4-1 和图 4-13 所示。其中，“每天平均”栏中的预测单量和实际单量是平均值，而 SFA 是每天的加权平均。可以设置 SFA 的交通红/绿灯值，在呈现形式上以交通灯展示，一目了然。

表 4-1 预测复盘 SFA 计算（随机数模拟）

预测复盘 SFA 计算	5 月 17 日	5 月 18 日	5 月 19 日	5 月 20 日	5 月 21 日	5 月 22 日	5 月 23 日	每天平均	一周整体
W-1 预测单量/K	96.0	81.4	54.9	180.0	107.2	110.5	60.1	98.6	690.1
W0 实际单量/K	102.1	82.0	50.3	218.5	90.9	92.6	54.3	98.7	690.7
W-1 SFA /%	94.0	99.2	90.8	82.4	82.1	80.7	89.2	87.0	99.9
日均波动/%	3.5	-16.9	-49.0	121.4	-7.9	-6.1	-45.0		

从以上数据可以看到，一周整体预测准确率 99.9%已很高，每天加权平均 87.0%也很好。但是，5 月 20 日至 22 日 3 天的准确率都没有达到 85.0%，相比其他 4 天相差不少，拉低了加权平均值。5 月 20 日、21 日和 22 日实际单量升高了，说明 5 月 20 日有活动或者直播，但是没有预测到或者预测准确率低；而经过 5 月 20 日的活动，2 天后的实际成交有所回落但是预测准确率升高了。为此，还需要具体看品类和营销，总结为什么会遗漏或者低估，考虑后续出现类似情况如何加入预测考量因子，并做算法调优或者人工协同调整。

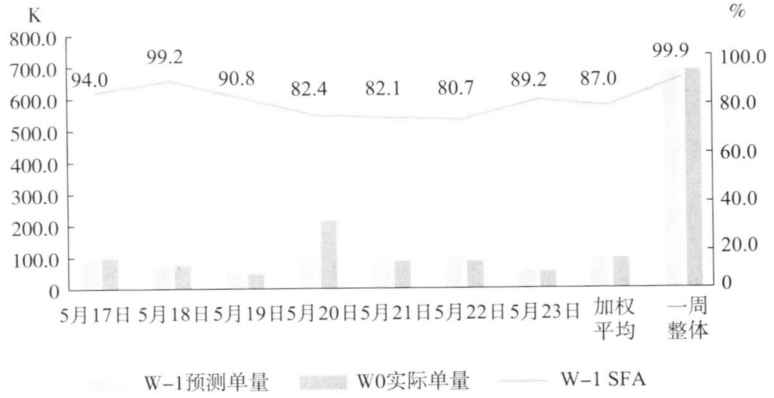

图 4-13 预测复盘 SFA 分析（随机数模拟）

第五章　如何提升电商供应链日常运营能力

大促管理、数字供应链、最佳匹配和最佳实践，都离不开运营的日积月累和沉淀，只有通过日常的精细化管理才能真正提升运营能力。

如何平衡销售与备货（库存），这是传统供应链和电商供应链都会遇到的问题，两者是相通的。要将供应链和销售（Business Development，BD）结合起来，发现客户的关注点进而改善日常运营。要提升库存周转率、加强仓容管理降本和增收、追踪在途库存。库存是供应链最重要的一环，仓储收入是最重要的物流业务收入之一，直接影响物流业务的损益；在途库存是跨境电商供应链最重要、最艰难的环节之一，会影响补货计划、销量计划和资源准备。

能否降本提效，能否发现客户并留住这些客户，库存周转是否健康，仓容能否精细化到不浪费不爆仓，在途库存是否准确，这些都体现了日常运营的基本功。

第一节　如何平衡销售和备货（库存）

与供应链联系最紧密的部门可以说是销售部，在企业内部，销售部是供应链的上游。供应链经常会遇到这样的情况：该如何备货？备多了，易变成呆滞库存；备少了，就会断货。

在平衡销售和备货（库存）方面，传统供应链和电商供应链是相通的。

一、制造业提升销售和降低库存的六大策略

电商供应链和传统的制造业，都追求降本和提效。降本，即降低采购

和库存成本；提效，即缩短交货周期，不断货。平衡好销售和备货，传统供应链主要从以下 6 个方面着手。

（一）备货前应用 3 种供给策略组合，降低备货风险

对应不同的需求计划制造业有 3 种供给策略，同时这 3 种供给策略也对应着电商供应链的 3 种供货计划和物流链路，如图 5-1 所示。

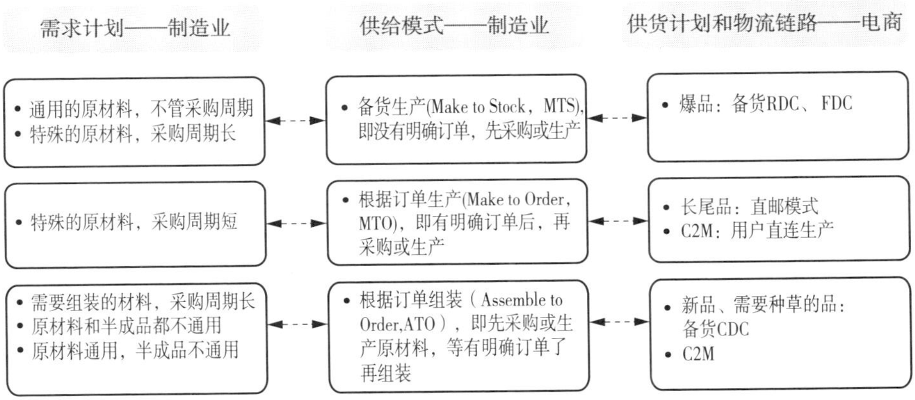

图 5-1　制造业备货的 3 种供给策略以及电商相关性

（1）MTS。虽然没有明确订单，但是提前准备生产或采购，提前准备库存。适用于制造业不管采购周期长短的通用原材料，或者是采购周期长的特殊原材料。适用于爆品、长交期材料。对应电商的供货计划是爆品，物流链路是备货 RDC、FDC。

（2）MTO。有了明确订单后，再采购或者生产。适用于制造业采购周期短的特殊原材料。对应电商的商品计划是长尾品或者正在兴起的 C2M，物流链路是直邮。

（3）ATO。先采购或生产原材料，有了明确订单以后再组装。适用于制造业需要进行半成品组装的原材料。对应电商的供货计划是新品、需要种草的品，也适用于部分 C2M，物流链路是备货 CDC。

以上 3 种组合策略适用于制造业，对于快消行业虽无法百分之百匹配，但是仍然可以根据不同品类制定类似的采购和供给策略。有时候，3 种策略需要组合应用，特别是对于制造业项目型或者标的型订单的准备。

（二）备货前的盘货匹配，将需求数字化

从上往下目标拆解和从下往上盘货聚合不仅大促时可以应用，在销售和备货无法平衡时，也可以应用。首先要列出包括重点品类、重点客户、重点 SKU、新品新客的历史和成交目标等数据，并给出格式，由销售人员填写备货需求并进行数据核实。

某国际知名美妆品类电商亚太区电商总裁曾说过：做护肤和美妆，一定要把一张脸的故事讲完整，五官和皮肤都要说清楚。虽然这句话是针对不同的场景而言的，但有时候我们确实要相信故事的力量。计划供应链不能完全依赖数字，有时候也要相信销售人员的判断。

（三）备货前的风险购买，多部门共担备货风险

风险购买（Risk Buy），在订单正式确认前或者项目、投标还没有确定时，为了明确采购成本或生产成本、库存风险，启动的预先购买或生产流程。

尤其是对于一些特殊的商品或材料，在下采购单或者安排产单之前，供应链计划部门需要通知各方（采购、销售、市场、财务、客户），确认成本和风险，各方要清楚知悉且各部门要签字画押。

在风险购买中，需要明确备货用于哪个（些）项目、采购数量、对应的金额、对应的销售负责人、供应链计划负责人、预计到货日期。明确由此造成的呆滞库存和损失，哪些需要客户支付原材料成本，哪些由专门的财务预算覆盖这些风险。

风险购买不仅存在于企业内部，在客户、供应商之间也有类似协议。

（四）备货前的供应商管理库存，供应商源头的共享库存

供应商管理库存（Vendor Management Inventory，VMI）是在快速响应（Quick Response，QR）和有效客户响应（Efficient Customer Response，ECR）基础上发展而来的，其核心思想是供应商通过共享用户企业的当前库存和实际耗用数据，按照实际消耗模型、消耗趋势和补货策略进行有实际根据的补货。VMI 不是把库存压力转嫁给供应商，而是供应商的原材料可以与其所有的客户进行库存共享，从而降低存货压力和备货风险。

（五）备货中与备货后的过程监控和管理，调整采购和销量计划

没有库存就没有计划，计划的首要任务是保证库存的健康，而不是共担风险。过程监控和管理非常重要，因为市场的变化是瞬间的。比如，头部主播的几场直播没谈下来销量就会骤减，或者制造业一些基于项目的投标没中标整个订单都要取消，相反多了几场直播销量突然上升等。

要建立日常的销售监控机制，同时要对市场的变化做出快速反应。订单丢了或者销量不如预期，部分备货仍然可以取消或者让供应商延迟交货；销量高于预期，可以紧急加单，有时候还可以让物流部门安排加急。当然，前提是，这些是在自由变动期间和一定比例权衡变动期间内。

（六）销售后的复盘

主要复盘几部分：销售表现 VS 预计；缺货、滞销等计划指标；是否有物流加急造成的物流费率上升。

如果销售不如预期，就需要制订滞销库存的清理计划，销售人员应明确接下来是否有促销或者提升销量消耗库存的活动。物流之所以加急，是因为计划部门没有按时按量备货，还有销量的上升导致备货不及时等。

计划供应链的复盘，不只是在计划部门内部，还需要与销售、物流部门协同。

二、电商与传统行业供应链的异同

平台电商在做物流供应链计划时，会面临同样的问题，不过不是库存滞销或者不足，而是准备过多，如仓容、货架、流水线、车辆，造成资源浪费和成本上升，以及仓库管理系统（Warehouse Management System，WMS）和订单管理系统（Order Management System，OMS）等系统对接的成本浪费；准备过少，爆仓、货发不出去，可能招致一堆投诉。

很多销售或者行业人员（在电商平台，行业类似于传统行业的销售和市场人员），经常会凭感觉，看哪些品类在市场卖得好，就要卖，以为有“很多”客户，要求多备货。

因为物流跟着商流走，物流收入主要靠单量的累积。在电商平台特别

是较大的电商平台上，物流人员经常不敢挑战行业人员，行业人员要什么就准备什么，结果浪费了大把的资源。

供应链的逻辑是相通的，传统行业销售与计划之间的平衡备货方法同样适用于电商。除此之外，电商的物流供应链还需要注意以下 3 个方面。

（一）行业给出具体的数字

行业人员要给出具体的数字，也就是从上往下目标拆解和从下往上盘货聚合。有的业务单元（Business Units，BU）虽做得很好，但有些 BU 负责人不负责任，说有很多客户。你让他们把客户清单列出来，包括客户名称、品牌分类、主营商品、历史销售情况、承诺 GMV 和单量、爬坡计划。这时候他们往往连一个客户名称都说不出来。

（二）物流给出投入成本，协同财务计算损益

物流人员要先给出投入成本，且和财务人员一起计算：多少单量才能持平（break even），多少单量才可以盈利？在前期可以容忍亏损多久，什么时候必须持平和盈利？不仅要考虑物力的投入，还要考虑人力的投入，因为和仓、配相关的技术资源的成本很高。

同时，收入和利润不仅与单量有关，还与品类相关。比如，在通常情况下，大件没有中小件利润高。很重要的一点是，必须把物流的成本和收入计算进 BU 的 P&L 中。

（三）专业大于情面

前几年，电商平台行情好，这里亏损那里可以弥补，东边不亮西边亮。现在市场竞争激烈，物流投入一定要讲投资回报率（ROI），拿数据说话；没有确定的产出，一次情面也不用给。用结果说话，投入一次没有产出，就不要有第二次了。

三、供应链是否自行打折或加码

当所有的努力都做了，仍然达不到销售预计，对备货没有信心怎么办？

根据情况，有时候可以打个折扣。笔者有一位朋友，她曾做过超 1 亿件备货、支持几十亿 GMV 的物流预测。虽然实际销售目标远没有达到预期，但是她的备货与实际销量几乎是百分之百吻合。她因为觉得销售人员完不成，所以在做备货计划时，下调了几个点，实际果然如其所料。

供应链自行打折或加码，要基于对实际情况非常了解。不仅要了解大盘还要清楚所有的细节。如果还没有摸清楚情况，不建议自行修改备货目标。

第二节 供应链思维成就电商（Top Sales，销售冠军）

几年前，笔者做过一年业务拓展（Business Development，BD），相当于销售。意想不到的是，十几个人的 BD 团队，单量和金额绝对值与相对值都是第一，远超平均水平，成了大家口中的 Top Sales。

没有销售经验却能成为 Top Sales，主要是因为有供应链逻辑和思维；虽然没有销售技巧但保持对客户的真诚；更重要的是，拥有一个很好的团队，大家一起一单一单跟进、一个一个问题解决。通过 BD，笔者对“数字供应链”和“以客户为中心”有了切身的体会。

一、物流供应链思维：价格之外的全链路

全链路概念主要涉及两个方面，而解决方案贯穿全链路。

（1）价格（资金流）全链路。国际运输的价格，有些人认为就是一个空运费或者海运费。错了，有时候运费可能没多少，反而是提货费、清关费、杂费很高；而运输只是进货的成本，客户还关心存和销的成本。因此，要把进、销、存的费用都计算清楚。

（2）实物流和信息流匹配的全链路解决方案。国际运输不是把货从某个地点运到另一个地点那么简单，全链路（门到门）包括好几段：始发地、到达地港口或者机场、目的地。每一段不仅需要紧密衔接，还要了解各地的清关政策。比如，有的机场要求 24 小时清关，有的目的地对货单一

致要求非常严格。

以下是笔者做销售的一些经历和体验。

首先，客户最关心的是价格。当时，对于一种全新的物流服务，我们既没有线上成本测算系统，也没有清晰的价格指引。报价单是好几个 Excel 表格，需要对每个表格里的各种费用进行复杂运算，才能算出最终价格。如果把这几个表格发给客户，客户肯定看不明白。

笔者为此设计了一个门到门的价格测算模板，只需要输入始发地和目的地、选择运输方式，如果空运则输入千克数；如果海运则选择货柜类型或输入尺寸重量，客户可以看到对应的提货费、运输费、清关费、港杂费等，还有全链路的所有费用。对于客户来说，清晰明了；对于 BD 工作来说，高效。全球海陆空几千条国际线路，有了这个模板，每天就能发很多的报价单给不同的客户。同时，客户清晰了、问题少了，BD 也就更加高效了。

在价格上，笔者给了客户多个备选方案。举例说明，如德国到中国宁波的空运，笔者给了客户 4 条线路：法兰克福—上海、法兰克福—宁波、慕尼黑—上海、慕尼黑—宁波。客户只需要输入千克数，就能算出哪条线路价格最优。同时，笔者先确定了一个大概的阈值分水岭，并告诉客户通过阈值每条线路价格就有了区分。这样报完价，笔者的第一个客户非常开心，开玩笑地说："你们这是美元报价？"笔者说："当然是人民币了，报价单里写着币种呢。"他哈哈大笑两声说："很清楚，我也不找其他人了，就用你们了！"

其次，客户不只关心价格。做运输不只是运输，而是全面的解决方案。合作的长久性、全链路的安全和稳定衔接，是客户更关心的。你多做一步，客户就省心一步。运货前，要思考客户适合哪种贸易方式、客户的品类适合去哪个城市的哪个仓库、商品是否有特殊要求、目的地是否可以满足等。这些想清楚后，再给客户一整套建议方案。运货中，拼的是实物流与信息流的衔接和匹配，现代物流时效已经很快了，经常是信息流滞后于实物流。目的地口岸的特殊清关和时效要求，都要和客户说清楚。运货后，要关注客户的销售情况，提醒客户促销或者抓紧补货，而这又和计划供应链相关了。

二、计划供应链思维：做有质量的生意规模

不仅要扩大生意规模，还要维持有质量的生意规模，就是生意规模要和货品效率兼顾。生意包括两个方面：企业的生意和客户的生意。货品效率要求货品不仅要卖得快，还要库存健康，既不能缺货也不能滞销。

企业的生意，要看哪些客户最能带来存量增量或者是全新的增量。

扩大客户的生意，就要主动寻找目标客户。比如，哪些品类是市场销路好的或者行业主推的商品，哪些是直播明星品类。这些客户蓄势要在市场发力，多半也需要寻找供应链和物流解决方案提供者。带着你的全链路价格和解决方案主动出击，只要对方不是刻意阻碍，基本上没什么大问题。

寻找存量中的增量，就要关注货品效率。几天检查一次数据，看哪些客户哪些商品曾出现缺货，或者关注哪些商品可能会缺货需要补货，而新补货的到达时间与运输方式（海运、空运、陆运、铁路、海空联运等）紧密挂钩。对于经常缺货的商品，要催着客户补货。

即使在流量为王的时代，没有服务的支撑，流量最后也会变成泡沫。服务做到多细都不为过，关注客户的切身利益和需求，是急客户之所急，让客户充分感受到被尊重。

三、需求驱动供应链思维：客户购买和使用决策

不管做何种生意，都要先给客户画像，不同客户的购买决策是不一样的。这就是需求驱动供应链思维，要考虑客户的购买和使用决策。有的客户需要物流合作伙伴；有的客户希望建立长期合作关系；有的海外客户关注与始发地工厂沟通的顺畅；有的客户关心是否有当地语言合同、特殊品类是否有专业人员全检服务、是否有危险品解决方案；不同国家和不同文化的客户有不同的关注点。此外，国际贸易业务的决策方很可能在国外，因此需要说服其外国决策者。

对客户关注的信息与企业的服务能力进行匹配，并分类：哪些是短期

内可以突破的，哪些是需要长期攻坚慢慢打磨的？短期内可以突破的，则趁热打铁；需要长期攻坚慢慢打磨的，就要靠团队了。

很多时候，物流企业销售人员卖的不仅是运输服务，而且是其知识储备和专业能力。同时，做好细节上的准备，细节更多是解决方案，是数据、是知识。

有时，销售人员要说服的不是客户的业务人员，而是客户的财务人员。有一次，笔者的一个大客户因为账单出了点问题而停用服务。这其实是一个普遍问题，在客户的重复使用决策中，财务人员经常是一个关键点。怎么办？笔者带着财务和结算人员火速赶往客户所在地，帮助解决了所有问题。

四、沉下心来：真诚本身就是路径

对于大多数人来说，时间花在哪里，结果就在哪里。

刚开始时，笔者也不知道如何做业务拓展，只能摸索着从计划供应链的生意规模和货品效率着手，对客户进行分类，一个个发报价单、打电话。开始也没人理会笔者，但坚持两三个月后，笔者每周的业务排名基本都是第一，遥遥领先。

不论是做销售还是其他，踏踏实实、不浮不躁，都是最重要的。基本上任何事情都有滞后效应，所以不要急于一时。人生不是100米短跑，而是一场马拉松。

笔者曾经跑完马拉松全程。刚开始，所有人蜂拥而上，根本分不清谁是谁；5千米后开始拉开距离；10千米后剩下的人就不多了；10～20千米是比较畅快和轻松的时刻；20～30千米时是最艰难的时刻；30～42.195千米，只要不是急着拿名次，就能欣赏沿途的风景，是身心沉下来的时候。

笔者并没有其他销售技巧，生意之外还有人情。做销售，首先是要为客户着想而不只是为了销售。销售没有任何捷径，真诚本身就是路径。

五、团队的力量

个人的力量总是微不足道，每个人都无法离开时代、平台和团队。要相信自己的产品和服务，相信所在的团队，相信我们能解决问题。每个人只是时代洪流中的一朵浪花；只有所有的浪花聚合在一起才能形成千层浪。

一个开放的团队，一个开明的领导者，对企业发展至关重要。团队永远是最重要也是最可靠的后盾。

第三节　ITO 提升电商核心运营能力

库存周转是供应链最重要的 KPI 之一，可以说，没有库存就没有供应链计划。因此，库存周转是衡量电商运营能力的核心标准之一。

周转率可以有效地衡量一家企业的营运能力（Operating Capability）。营运能力是指企业的经营运行能力，即企业运用各项资产获取利润的能力。分析企业营运能力的财务指标包括各种资产的周转率，如库存周转率（Inventory Turn Over，ITO）、库存周转天数（Days of Inventory，DOI）、应收账款周转率、流动资产周转率和总资产周转率等，以及相对应的周转周期。①

Gartner 选择三年加权复合营收增长率、库存周转率、三年加权复合资产收益率三大指标作为其评选“全球供应链最佳实践企业”的硬性指标。

一、ITO 与 DOI 的概念和计算

如图 5-2 所示，跨境电商平台（自营或非自营）模式通常用 DOI 来衡量库存状况；在实体企业和制造业，通常以 ITO 为标准。

① 肖星．一本书读懂财报［M］．杭州：浙江大学出版社，2014.

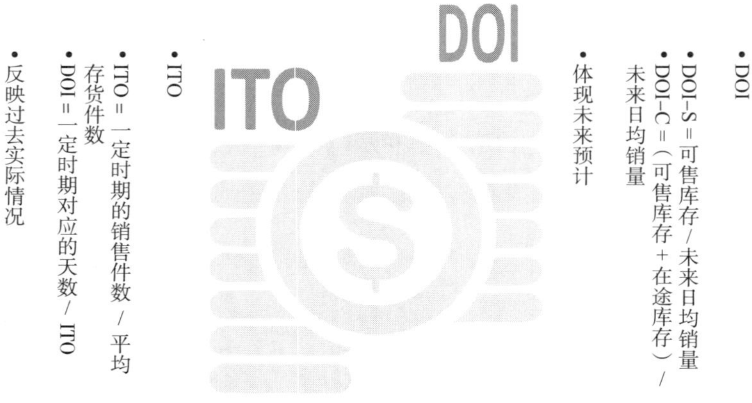

图 5-2 ITO 与 DOI

（一）ITO

ITO 也叫“存货周转率”“存货周转次数”（Inventory Turnover）。

库存周转反映了企业经营能力，可以用来衡量企业库存的变现能力，也可以用来评价企业的库存管理水平。如果存货是可销售的且有很强的流动性，周转次数多，周转天数就少；相反，如果库存积压，流动性差，周转次数少，周转天数就多。

ITO =一定时期的营业成本或营业收入/平均存货余额

=一定时期的销售件数/平均存货件数

在供应链实操中，营业成本并不直观，所以经常用营业收入（对应库存一定时效的销售收入）代替营业成本进行计算。电商实操中，还会用销售件数/平均存货件数来计算库存周转率。其中

平均存货余额=（期初库存金额+期末库存金额）/2

平均存货件数=（期初库存件数+期末库存件数）/2

一定时期，可以定义为一个月、一个季度、半年或者一年。对于有计划供应链团队的企业来说，基本上每个月、每个季度都会关注，那么期初即为月初或季度初。如果每个月都要看，那么一定时期对应的天数等于每月的天数，约为 30 天。如果是每个季度看，则一定时期的天数，约为 90 天。

以一个月为例，某出口东南亚备货海外仓的电商店铺（后称为“ABC公司”）一个月的销售收入是1000万元，月初和月底平均库存是3000万元，那么

库存周转率=1000/3000≈0.33

库存周转天数=30/0.33≈90（天）

也就是说，库存在一个月中只周转了1/3次（一年周转4次），平均90天周转一次，即从采购原材料到卖出产品，需要90天的时间。

（二）DOI

DOI，指的是现有库存预计可以维持的销售天数。

DOI有两类：DOI-S（S为Sellable，可售），DOI-C（C为Current，当前所有库存）。DOI-S为可售库存的周转天数，DOI-C包含可售库存和在途库存。

DOI-S=可售库存/未来日均销量

DOI-C=(可售库存+在途库存)/未来日均销量

如果有辅助系统，可以输入未来每天不同的销量，由系统计算库存可以维持到哪一天。如果手动计算，只能取一个未来时间段的平均值进行计算。“未来”的时间跨度，一般为13周。

虽然DOI和实际周转天数非常接近甚至相等，但是DOI并不完全等同于周转天数。库存周转天数反映的是过去的实际表现，而DOI体现的是对未来的预计。

如果对未来销售的预测用的是时间系列方法（根据历史推断未来）且没有做调整，那么库存周转天数基本等于DOI。

如果基于未来的实际情况对未来的销售预测进行人工或者系统的调整，那么DOI不等于周转天数，电商大促是最常见的场景。一般卖家在大促前会准备较多库存，表面上看这个时候周转不好，但是实际上DOI没有问题。因为库存多了，销售预测也多了，就是分子、分母都变大了。

以下以日常（非大促）场景说明，日常库存周转天数基本等于DOI，这里只讲周转天数。

二、电商的库存周转

以出口东南亚电商 ABC 公司为例，一年库存周转 4 次，库存周转天数 90 天，ABC 公司的库存健康吗？可以与图 5-3 所示的行业平均周转天数比较一下。

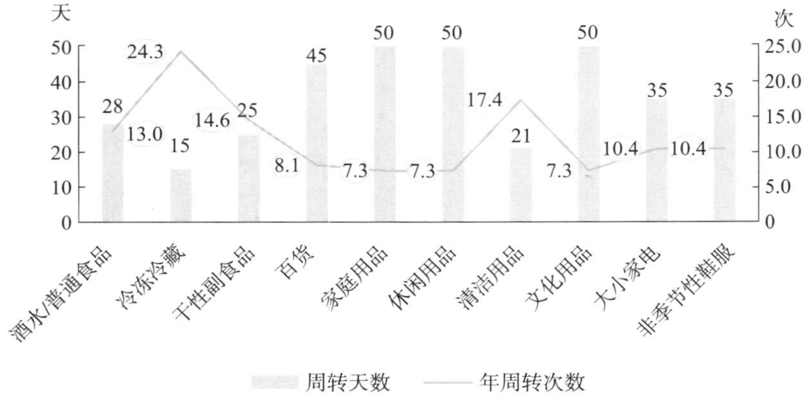

图 5-3　行业平均周转天数和周转率

图 5-4 为出口东南亚电商的理想行业周转天数。为什么是“理想”的？因为现实中大多数电商做不到。其中，直邮周转天数等于图 5-3 的行业平均周转天数，中心仓和海外仓则要加上送往国内中心仓与东南亚海外仓 B2B 国际运输的物流天数，分别是大概 2 天和 35 天。从图 5-4 可以看出，备货海外仓的库存周转天数最高是 85 天，所以不管 ABC 公司属于哪个行业，都没有达到健康或者理想的水平；但考虑市场整体水平，也不算差。

（一）跨境电商的库存周转

跨境出口物流模式（链路）有 3 种：直邮模式、RDC、CDC。

跨境出口电商健康或者说理想的周转天数=国内行业平均周转天数+各物流链路对应的物流天数。其中，各物流模式对应的物流天数包括两个部分：B2B 国际运输天数、B2C 末端配送天数。表 5-1 是各个品类在不同物流模式下，健康的周转天数与周转率。

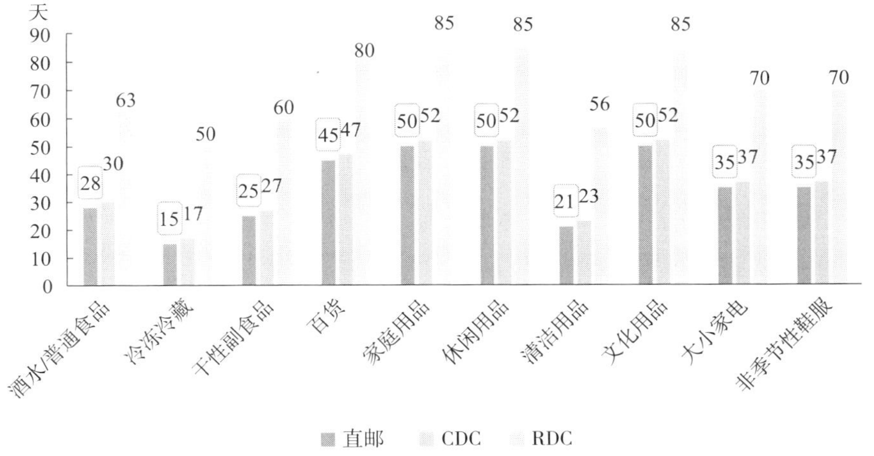

图 5-4　出口东南亚电商的理想的行业周转天数

表 5-1　出口东南亚电商健康的行业周转时间

品类	不考虑国际物流时间（国内行业均值）		考虑物流时间的周转天数（物流时间：B2C 末端派送+B2B 国际运输）			考虑物流时间的周转次数（物流时间：B2C 末端派送+B2B 国际运输）		
	周转天数	周转次数	直邮	CDC	RDC	直邮	CDC	RDC
酒水/普通食品	28	13.0	43	38	66	8.5	9.6	5.5
冷冻冷藏	15	24.3	30	25	53	12.2	14.6	6.9
干性副食品	25	14.6	40	35	63	9.1	10.4	5.8
百货	45	8.1	60	55	83	6.1	6.6	4.4
家庭用品	50	7.3	65	60	88	5.6	6.1	4.1
休闲用品	50	7.3	65	60	88	5.6	6.1	4.1
清洁用品	21	17.4	36	31	59	10.1	11.8	6.2
文化用品	50	7.3	65	60	88	5.6	6.1	4.1
大小家电	35	10.4	50	45	73	7.3	8.1	5.0
非季节性鞋服	35	10.4	50	45	73	7.3	8.1	5.0

当然，这只是理想的周转天数。在实操中，因为国际物流干线的不稳定、大促预测偏差等，在 RDC 下的全品类平均周转天数，基本上会高于平均值。

（二）精确计算库存周转

要不要计算物流时间，是可以讨论的。一旦产生消费者订单，就意味着货卖出去了，这个周转期就结束了。在直邮模式下，物流天数是在消费者订单产生、货卖出去之后才有的，因此可以不计算物流天数。虽然电商卖家要在包裹妥投后几天才能收到货款，但这个时间不属于库存周转的时间，应算应收账款周期。

但是，在备货模式下，特别是 RDC 模式下，货物以 B2B 形式从中国海运至国外需要一段时间，所以从中国发货到海外仓的这段时间是要算入库存周转的。在新冠病毒感染疫情期间，中国到东南亚国家的海运干线并不稳定，整柜平均在 21 天以上；散货要等拼柜，可能要 45 天甚至更长，可取数 35 天。

在中国内地或中国香港 CDC 备货模式下，从卖家送到中心仓的时间需要计算。如果中心仓距离卖家较近，1~2 天就可送到。

因此，跨境电商的库存周转，精确的计算逻辑是：从卖家送达仓（中心仓或者海外仓）B2B 贸易形式的时间需要计算，但是从卖家直邮或者从仓库发到消费者手中即 B2C 的末端派送时间不需要计算。表 5-2 呈现了这种逻辑下出口东南亚电商的健康周转时间。与表 5-1 的区别是，表 5-2 的物流时间仅加上了 B2B 国际运输时间（直邮零天、中心仓约 2 天、海外仓约 35 天），没有考虑 B2C 末端派送时间（直邮约 15 天、中心仓约 8 天、海外仓约 3 天）。

表 5-2　出口东南亚电商健康的行业周转时间（物流时间仅考虑 B2B 国际运输）

品类	不考虑国际物流时间（国内行业均值）		考虑物流时间的周转天数（物流时间：仅 B2B 国际运输）			考虑物流时间的周转次数（物流时间：仅 B2B 国际运输）		
	周转天数	周转次数	直邮	CDC	RDC	直邮	CDC	RDC
酒水/普通食品	28	13.0	28	30	63	13.0	12.2	5.8
冷冻冷藏	15	24.3	15	17	50	24.3	21.5	7.3
干性副食品	25	14.6	25	27	60	14.6	13.5	6.1
百货	45	8.1	45	47	80	8.1	7.8	4.6

续表

品类	不考虑国际物流时间（国内行业均值）		考虑物流时间的周转天数（物流时间：仅 B2B 国际运输）			考虑物流时间的周转次数（物流时间：仅 B2B 国际运输）		
	周转天数	周转次数	直邮	CDC	RDC	直邮	CDC	RDC
家庭用品	50	7.3	50	52	85	7.3	7.0	4.3
休闲用品	50	7.3	50	52	85	7.3	7.0	4.3
清洁用品	21	17.4	21	23	56	17.4	15.9	6.5
文化用品	50	7.3	50	52	85	7.3	7.0	4.3
大小家电	35	10.4	35	37	70	10.4	9.9	5.2
非季节性鞋服	35	10.4	35	37	70	10.4	9.9	5.2

此外，以上逻辑不仅适用于出口东南亚电商，还可以应用到任何出口或者进口的电商，只需要调整对应的 B2B 国际运输和 B2C 末端派送的物流时间即可。

三、提升备货前、中、后库存健康度

如何提升库存周转率呢？如图5-5所示，可以从 3 个方面入手。

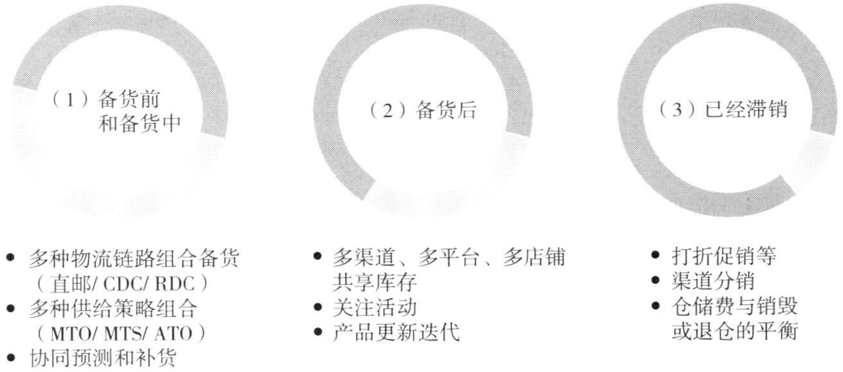

图 5-5 跨境电商卖家如何提升库存周转率

（一）备货前和备货中：从源头降本提效

成品，多种备货模式和物流链路组合。已经有稳定销量的爆品备入 RDC，腰部品要打爆的品类入 CDC，长尾品和轻小件不要入仓而是先走直邮，如此能确保：RDC 的商品可以售完；腰部品备货在中国的 CDC，万一销售不好可以灵活退出；尾部品既可留在卖家自己手中，其他渠道也可以销售。

原材料，工厂型店铺与其上游供应商要做多种供给策略组合。供给策略有 3 种：MTS、MTO、ATO。

协同平台要做好销量预测，认真计算补货量，充分利用补货工具。卖家不要盲目备货，可以与平台协同盘货，明确可以获得的流量、坑位和支持、价格优惠；有的平台有补货工具和系统建议补货量，可以利用。

（二）备货后：多渠道尽量多卖

货已经备好，只能尽力售卖，能卖多少卖多少。可以多渠道、多店铺共享 SKU 和库存，以减少备货件数和库存成本。

应多关注活动，用心运营。注意产品的更新迭代，特别是季节性商品。

（三）滞销怎么办

滞销是经常发生的事情。首先，心态要放平不要焦虑；其次，行动上要积极，想办法促销、打折、做活动，能卖多少卖多少。

出现滞销或者有滞销苗头时，就要行动，不要等。要想办法分销，毕竟折价销售大概率会亏本，或者根本卖不动。

海外仓 B2B 退货（退回始发国）流程复杂基本不太可能，而销毁是万不得已的事情。但是，若仓储费高过商品价值，就只能销毁了。

四、库存周转率与企业战略①

库存周转率与企业竞争战略的关系如图 5-6 所示。

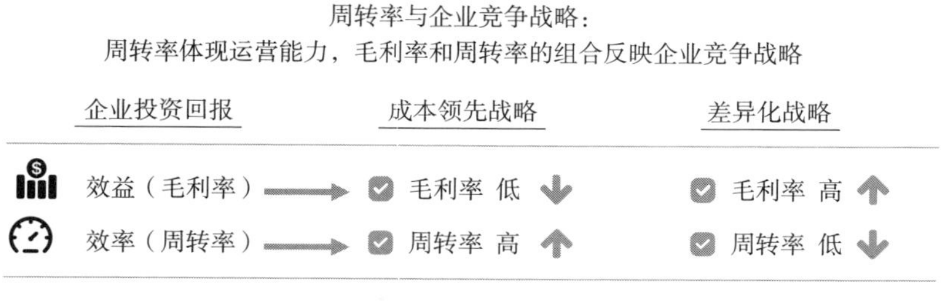

图 5-6　库存周转率与企业竞争战略

① 参考肖星．一本书读懂财报［M］．杭州：浙江大学出版社，2019.

企业的投资回报取决于效益和效率两个方面。效益可通过净利率和毛利率来反映，效率则通过总资产周转率反映，周转率强有力地反映了企业的运营能力。

运营能力即企业运用各项资产以赚取利润的能力。分析企业运营能力的财务指标包括各种资产的周转率，如存货周转率、应收账款周转率、流动资产周转率和总资产周转率等，以及相对应的周转周期。

在会计学和经济学中，经常结合周转率（不仅仅是库存周转率，更多是总资产周转率）与毛利率，来制定企业的竞争战略。企业主要有 3 种竞争战略（波特竞争战略）：成本领先、差异化和聚焦。

成本领先战略对应的财务表现：低毛利、高周转。因为低毛利，所以企业的效益受损；但高周转率迅速弥补了低效益造成的损失。所以，成本领先战略是主动牺牲效益换取效率，是一种效率制胜的战略。

差异化战略对应的财务表现：高毛利、低周转。企业想办法把自己的产品做得有声有色，使之与市场上的其他同类产品不一样。一般产品定价不会低，价格高则需求量小，差异化是通过牺牲效率换取效益的战略。

奉行成本领先战略和差异化战略的企业都不少，如高级百货公司，以最好的位置和装修，销售最贵的东西，低周转、高毛利；而普通超市，装修一般，产品价格低，高周转、低毛利。

聚焦战略是指把经营战略的重点放在一个特定的目标市场，为特定地区或特定购买者提供特殊的商品或服务。

第四节　避免爆仓和空置，仓容管理降本和增收

仓储规划涉及的 KPI 主要有两个：托盘填充率、托盘与面积的转化率。基于这两个 KPI，本节重点分析如何通过仓容管理降本、增收。

一、仓容的测算

对于电商卖家来说，仓储形式有两种：包仓和公共仓。包仓就是租用固定面积的仓库，不管爆仓还是空置，都按固定面积收费，适用于货量大且稳定，不愿在大促期间争抢资源的电商卖家。公共仓则是用多少收多少。

对于仓储物流企业来说，可以重投入（自己买地建仓、租赁土地建仓），也可以轻投入（完全使用第三方的仓库包括产线和工人、租用别人的仓库但自己运营）。不管采用何种形式，企业都需要测算仓容，包括计算需要的托盘个数和仓库面积。

（一）关键测算参数

（1）大促品类峰值库存或日常进销存。峰值库存是大促前期库存的最大值。日常则根据进销存看当前和预计的库存量。

（2）货品体积。每个 SKU 都需要维护体积。在海量 SKU 情况下，仓容测算时无法根据 SKU 维度去计算体积，所以一般测算到类目；可以是一级，也可以精细到二级。其中，特殊品类（如大件、冷链商品、贵品）需要单独测算。

（3）托盘极限存储件数，即托盘可利用体积（托盘利用率）。常规的托盘规格有 1.2m×1.0m×（1.4~1.8m）。但这只是托盘的体积，并不是可存储货物的体积，特别是高度需要减去托盘本体高。

（4）托盘实际可存储件数（托盘填充率）。托盘的可利用体积不是百分之百可以利用。不同的品类填充率不一样，通常是大件填充率高、小件低。这个数据需要经过实地测算，填充率的高低与日常精细化运营有一定关系。

（5）预包比例和预包膨胀系数。在直播促销期间，卖家要根据预售预热数据提前打包，以便更快送达提升消费者体验，这就是预包。预包后，货品的体积发生了变化，预包后的体积对比货品预包前（含外包装）的体积，就是膨胀系数。

（6）托盘与面积的转化率。买仓或者租仓（拿仓）不是拿托盘，而是面积。须先计算出需要托盘数，再转化成需要的面积。不同类型的仓转化率不一样，平仓低，高位货架和轻型货架有的可以超过 100%。与填充率一样，这个数据需要实地测算，且转化率的高低与日常是否精细化运营强相关。

以上每个参数都有行业参考数据，品类不同、行业不同、仓不同，参数也不同。

（二）测算步骤

仓容计算公式和计算流程如图 5-7 所示。

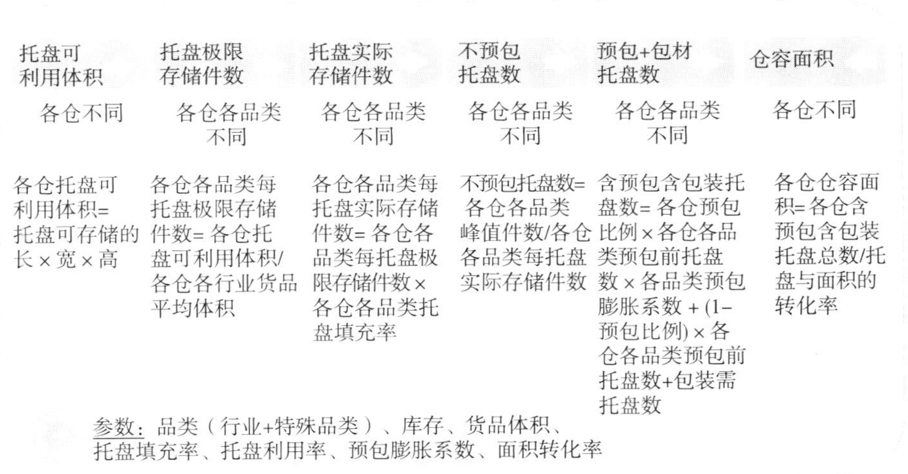

图 5-7　仓容计算公式和计算流程

第一步：预测大促时品类的峰值库存或日常进销存预测。

第二步：托盘可利用体积 = 托盘长×宽×不含本体的高。

第三步：托盘极限存储件数 = 托盘可利用体积/货品平均体积。

第四步：托盘实际存储件数 = 托盘极限存储件数×托盘填充率。

第五步：预包前托盘数 = 大促品类峰值库存或日常品类进销存/托盘实际存储件数。

第六步：预包后托盘数 = 预包比例×预包前托盘数×预包膨胀系数+（1-预包比例）×预包前托盘数。

第七步：总托盘数=预包后托盘数+包材需要的托盘数。

第八步：拿仓或租仓面积=总托盘数/托盘与面积的转化率。

二、仓储效率的两大模拟方案

为什么要做仓容管理、计算仓容，还要做仓容的精细化运营？

从物流平台或物流企业 P&L 的角度看，是为了节约成本，或者增加营收；从电商运营、竞争和消费者体验的角度来看，精细化运营使平台成本降低或者营收增加，降低了卖家的物流成本，从而降低售价，有助于提升商品竞争力，使消费者最终受益。

以部分化妆品为例（需要效期管控但不是强管控），假设托盘填充率为 50%，托盘与面积的转化率为 80%，是合理的平均数值。

（一）仓储效率模拟

以一个 10000 平方米的仓容为例。随机选取参数（不完全是现实的数据），进行存储效率的模拟，具体如下。

二级品类含外箱平均体积：0.0007 立方米。

货品件数：500 万件。

托盘规格：1.2 米×1.0 米×1.5 米(托盘本体高度 0.14 米)。

托盘可利用体积：1.2 米×1.0 米×(1.5~0.14)米≈1.63 立方米。

总托盘个数：5000 个。

仓库总面积：10000 平方米。

仓租成本：50 元/(平方米·月)。

仓租售价：6 元/(立方米·天)。

- 托盘填充率=0.0007×5000000/(5000×1.63)×100%=42.9%，比平均值（50%）低 7.1%。
- 托盘与面积的转化率=5000/10000×100%=50%，比平均值（80%）低 30%。

如表 5-3 所示，很容易发现问题：填充率和转化率都低了。

表 5-3　随机数模拟测算现有仓容问题

现有问题：托盘填充率低，同时浪费了仓库面积		
参数	数值	计量单位
货品含外箱平均体积	0.00070	立方米
货品件数	5000000	件
托盘体积	1.63	立方米
总托盘个数	5000	个
仓库总面积	10000	平方米
仓租成本	50	元/（平方米·月）
仓租售价	6	元/（立方米·天）
托盘填充率	42.9	%
托盘与面积的转化率	50.0	%

那么该如何优化呢？有两个优化方案：方案 A 可以降本，方案 B 可以增收。优化的逻辑是让托盘填充率、托盘与面积的转化率达到平均值。

（二）优化方案 A：降本

货品件数不变，托盘个数由 5000 个减少到 4289 个，减少了 14%即 711 个；租仓面积由 10000 平方米减少到 5362 平方米，减少了 46%即 4638 平方米。因为大幅提高了托盘与面积的转化率，所以托盘数减少的比例远低于仓面积减少的比例。其结果是节约租金50×（10000－5362）≈23（万元/月），见表 5-4。

表 5-4　仓容优化方案 A：减少仓租降本

优化方案 A：减少租仓面积 4638 平方米，节约租金 50×（10000－5362）≈23（万元/月）		
参数	数值	计量单位
货品含外箱平均体积	0.00070	立方米
货品件数	5000000	件
托盘体积	1.63	立方米
总托盘个数	4289	个
仓库总面积	5362	平方米

续表

优化方案 A：减少租仓面积 4638 平方米，节约租金 50×（10000-5362）≈23（万元/月）		
参数	数值	计量单位
仓租成本	50	元/（平方米·月）
仓租售价	6	元/（立方米·天）
托盘填充率	50.0	%
托盘与面积的转化率	80.0	%

（三）优化方案 B：增收

仓库总面积 1 万平方米维持不变，托盘数由 5000 个增加到 8000 个，增加了 60%即 3000 个；货品件数由 500 万件增加到约 933 万件，增加了 87%即 433 万件。仅仓储运营收入就增加（933-500）×0.0007×6×30≈55（万元/月），这里还不包括现有客户和潜在客户的入驻、其他物流相关收入等，见表 5-5。

表 5-5　仓容优化方案 B：增加货品件数增收

优化方案 B：增加货品件数 433 万件、托盘 3000 个，仅仓储运营收入就增加（933-500）×0.0007×6×30≈55（万元/月）		
参数	数值	计量单位
货品含外箱平均体积	0.00070	立方米
货品件数	9325714	件
托盘体积	1.63	立方米
总托盘个数	8000	个
仓库总面积	10000	平方米
仓租成本	50	元/（平方米·月）
仓租售价	6	元/（立方米·天）
托盘填充率	50.0	%
托盘与面积的转化率	80.0	%

在这组随机数下，方案 B 好于方案 A。当然，在现实中，可能还会有其他考虑。同时，如果模拟数据发生变化，结果也可能发生变化。

三、仓容精细化运营5步走

（一）基础信息精准维护

这里的基础信息主要指不同品类的体积信息。这些基础物流属性信息都由WMS维护。需要做仓容精细化管理的，一般商品数量都达到了一定的量级，可能有上千万件货几万个SKU。几万个SKU的体积信息要精准维护不是一件容易的事情，特别是在系统初始化阶段；已经存在的SKU需要经历几轮数据清洗和校验，新的SKU要有明确的数据维护规则。

体积信息要维护到SKU维度，但是仓容的计算，从托盘存储件数，到托盘数，再到托盘转化为面积，按SKU体积计算可能因为太精细而无法计算。所以，需要把SKU维度的体积通过加权平均汇总到类目，一级类目太粗，需要细分到二级或者三级类目。

此外，还有进行托盘数定期检查和系统维护，包括检查总托盘数、空置托盘数、使用中托盘数。

（二）参数信息收集和对比，直到趋于最优（最大）利用

这里的参数信息主要有两个：托盘填充率、托盘与面积的转化率。

托盘填充率从整体大盘的角度衡量托盘是否被充分利用，这是一个结果值，用来衡量实际结果是否符合行业平均值，计算公式如下。

托盘填充率=所有货品含外箱总体积/(总托盘数×托盘体积)

如何能得出合理的托盘填充率，且确认这个填充率的值可以作为衡量标准的结果值呢？这里需要另一个计算过程。

托盘填充率=托盘实际存储件数/托盘极限存储件数=托盘实际存储件数/（托盘不含底座高度的体积/品类体积）。

这个计算过程并不简单，需要去各个仓库测算不同品类的实际数据；拿着各组数据进行对比，看哪些做得好，取这些值作为衡量标准。

托盘与面积的转化率计算公式如下。

托盘与面积的转化率=总托盘个数/仓库总面积

托盘与面积的转化率没有一个绝对数值，平仓40%~50%，做得好的

可能达到 60%以上，高仓和混合型仓则超过 100%。这些数字需要经过多次现场测量、对比和计算才能得出。

（三）销量预测：日常进销存和大促峰值

要精确计算托盘数和仓容，就需要计算货品总体积。

货品总体积=货品单位体积×货品件数

货品件数可以从 WMS 获取，但要预测未来的仓容情况就要提前做准备，需要预测货品件数。

日常货品件数=预计新进货品件数（进）+现有可销库存件数（存）-预计未来销售件数（销）

大促库存件数峰值=大促前夕预计的最高库存件数

一般取大促前一天的库存。现实情况是，库存件数峰值可能出现在大促前锁仓的那段时间，因为锁仓后没有新进货但是大促前仍然有少量销售。

因此，仓容的计算需要与日常及大促的销量预测联系起来。

（四）效期库位的精细运营

食品、保健品等为效期强管控商品；美妆、洗护部分是效期弱管控商品；服饰、箱包等商品不需要效期管控。有的商品同一个 SKU 可能有多个效期，需要满足先进先出（First In First Out，FIFO），需要对效期信息进行维护，提前通知下架临期品或者强制下架一定效期内商品。因此，不同效期批次商品不要放同一个库位，否则易导致效期混乱，若给消费者发出临期品或者过期品，不仅有安全问题，还会引发投诉和品牌舆情。

一个托盘是一个大的库位，如果存在多效期商品而对应的商品件数并不多，就会导致库位浪费，使托盘无法充分利用。这时候，可以把一个大库位分成 4 个甚至是 6 个小库位，以提升托盘填充率。

（五）建立仓容监控看板和系统

线下的精细化运营，需要结合线上的数字化监控看板或者系统。数字化要做到什么程度，取决于业务规模和业务发展阶段。体量大了，业务发展成熟了，数字化就要精细，仓容监控方案设计如图 5-8 所示。

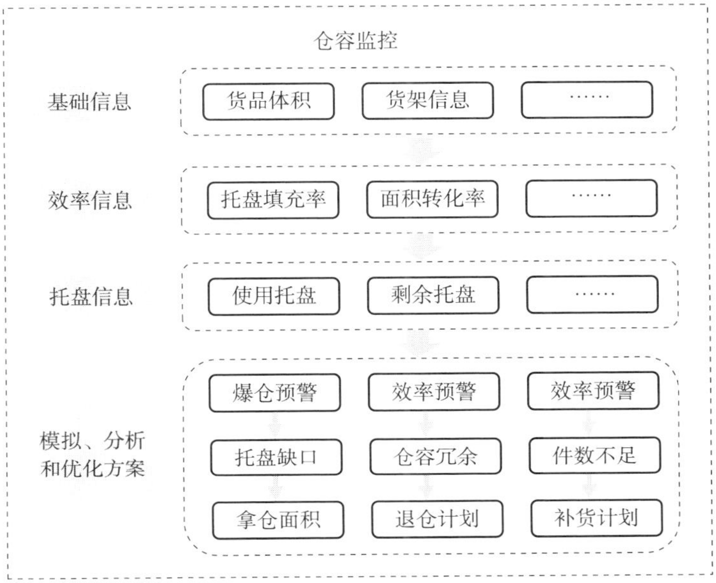

图 5-8　仓容监控方案设计

设计仓容监控方案时，须结合以下信息和要求。

（1）仓容基础信息。仓容基础信息包括仓库名称、仓库区域、区域类型、品类、货品体积、货架类型、货位长宽高。

（2）仓容滚动预测、补货和预警。仓容滚动预测、补货和预警包括总托盘数、已利用托盘数、剩余托盘数、现有库存件数、预计可补货件数（分品类）、托盘是否不足、爆仓是否预警。

（3）大促模拟。大促模拟包括分品类库存件数峰值预计、现有仓库面积、缺口托盘数、预计需要新增面积和托盘数。

（4）效率分析。效率分析包括托盘极限存储件数、托盘实际存储件数、日常托盘填充率、大促托盘填充率、托盘与面积转化率等。

（5）损益分析和优化方案。通过效率分析，分析托盘填充率与面积转化率是否合理。应尽可能增加商品实现增收；否则，则减少仓租面积和托盘数，降低成本。

第五节 以在途库存提升物流履约能力

在途库存，是指已经发货还未到仓上架销售的那部分货。在途库存对于跨境电商来说尤其重要。

一、为什么追踪在途库存

进（Inbound）是物流供应链三大工作模块之一，这里说的是全链路入库，而不是其中的某一段。尤其对于跨境电商供应链来说，Inbound 是物流供应链的一个重要模块，又时常理不清楚。Inbound 做得如何，直接影响在途库存并带来以下 3 个影响。

（1）影响补货计划。一是影响在途库存的到达时间。在途库存的到达时间决定了在仓可售库存在新一批货到达之前是否够卖，有时候爆款可能刚好差那么几天就断货了。如果有准确的预计到达时间，则可以提前确定是否断货，从而调整销售计划。二是影响在途库存的数量。如果在途库存数量不确定，则无法准确计算补货量和对应的补货件数，进而引起缺货或者滞销。

（2）影响销量预测。特别是大促期间，在途库存能不能到、何时到，直接关系到重点 SKU 的成交和报名。

（3）影响仓库资源准备。在途库存到货趋势与最终数量既关系到“收”货的人力和场地安排，直接决定了峰值库存，也对“存”货的仓容有重大影响。同时，会影响后续的销量和履约能力。

在途库存经常发生这样的情况：不知道货到了哪里；超时。

二、全链路实物流与信息流，异常跟进

除非是加急航班，国际物流不追求速度，追求“稳”。

跨境进口的入库和在途最复杂，以跨境进口电商在途库存为例，须制定一套可以落地的机制和流程，如图 5-9 所示。

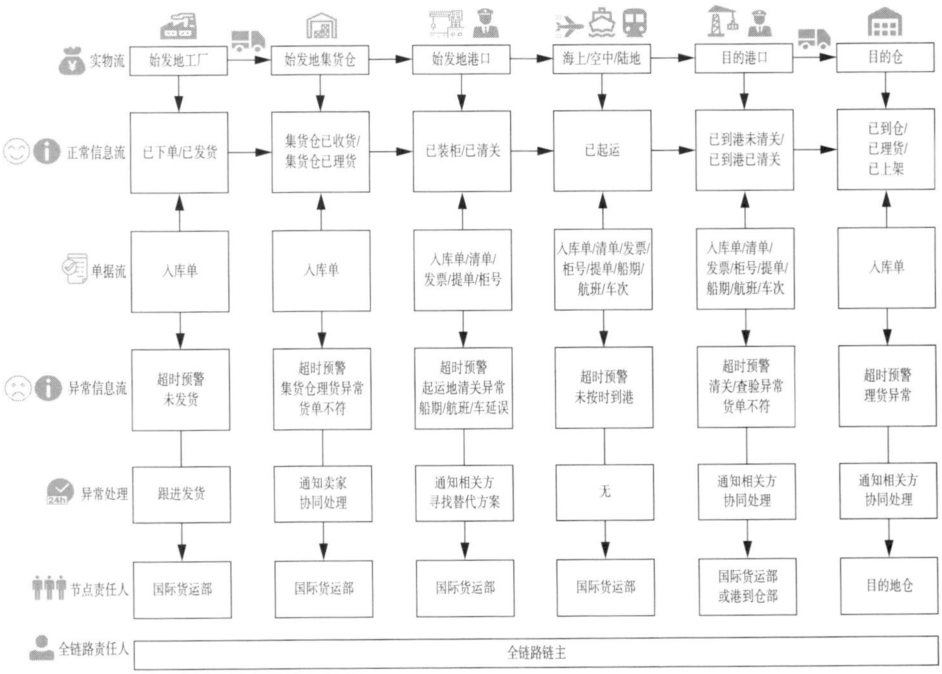

图 5-9 跨境进口电商全链路门到门在途库存追踪流程

（一）一定要看“全链路”即门到门而不是分段

跨境 Inbound 是一条很长的链路，按实物流（货在哪里）可以细分为 5~6 段：始发地工厂、始发地集货仓（若整柜直发则没有）、始发地港口、运输途中、目的地港口、目的地仓库。

首先，每一段由不同的人看，但是最多只能分开三段：始发地工厂到目的地港口、目的地港到仓、目的地仓库。这三段最好由同一个大部门负责。

其次，一定配备一个全链路链主，对门到门负责，协同到底。

如果细分的链路由不同的部门负责又没有做整体协同，一定会出问题，出了问题还会相互推诿。例如，不知道货在何处，始发地说集货仓早发出了怎么可能延误，目的地仓说压根儿没收到货。

（二）实物流、信息流与单据匹配

首先，要有唯一的单据串联全链路，我们可以称之为“入库单”。中间涉及的任何信息（柜号、清单、发票、订单号或者采购单号、船期、航班、车次等）都需要匹配到这个唯一的串联单据上。

其次，实物流（商品）与信息流（系统定义或者线下跟进的信息）为一一对应的关系：始发地工厂对应已下单/已发货；始发地集货仓对应集货仓已收货/集货仓已理货；始发地港口对应已装柜/已清关；运输途中对应已起运；目的地港口对应已到港未清关/已到港已清关；目的地仓对应已到仓/已理货/已上架。

（三）要看全集不要看子集

要看所有的单据，而不是只看特定时间或者截止（cut off）时间范围创建或到达的单据。只有看全集才能确定在途数量，确认能否在需要的时间内到达，确定有多少货可以卖。

（四）定义异常并落实到责任人

跨境入库全链路的异常通常有未发货、集货仓理货异常、货单不符、起运地清关异常、航班/船期/车次延误、未按时到港、清关/查验异常、货单不符、理货异常。所有的异常最终都反馈到信息流上，即"超时预警"。每个节点须定义正常时效，超出正常时效即超时；超时则要核查出现了哪些异常，并反映在信息流上；由对应的责任人解决，全链路链主要全程协同。

三、在途库存的过程数据与结果数据

数据分为过程数据和结果数据，而过程数据又分为正常和异常两类。

（一）正常的过程数据

每个信息流节点上的正常数据，主要涉及三个方面：店铺个数、单据个数、件数，具体如下。

（1）已下单数量。

（2）已发货数量。

（3）集货仓已收货数量。

（4）集货仓已理货数量。

（5）已装柜数量。

（6）起运地已清关数量。

（7）已起运数量。

（8）已到港数量。

（9）目的地已清关数量。

（10）海外仓已到仓数量。

（11）海外仓已理货数量。

（12）海外仓已上架数量。

前一个节点的数据≥后一个节点的数据，是全集与子集的关系。首先，可追踪整体体量。其次，通过每个节点的数据分析（如各数据节点之间的差异是否过大），可以清理一些无效数据。

精细化运营阶段全链路有 12 个节点。货量较小时，已发货数量、集货仓已理货数量、起运地已清关数量、目的地已清关数量、海外仓已理货数量 5 个节点数据可以省略，其他 7 个节点正常过程数据一定要追踪。

（二）异常的过程数据

前一个信息流节点超过正常时效未流转到后一个节点的数据，或者超过每个节点的截止时间的数据，即为“超时预警”，异常的过程数据主要涉及：店铺个数、单据个数、件数，具体如下。

（1）已下单超时未发货数量。

（2）已下单或已发货超时集货仓未收货数量。

（3）集货仓已收货超时未理货数量。

（4）集货仓已理货或集货仓已收货超时未装柜数量。

（5）已装柜超时未清关数量。

（6）已装柜或已清关超时未起运数量。

（7）已起运超时未到港数量。

（8）已到港超时未清关数量。

（9）已到港或已清关超时海外仓未收货数量。

（10）海外仓已收货超时未理货数量。

（11）海外仓已理货或已收货超时未上架数量。

前后节点的数据是全集与子集的关系，精细化运营阶段全链路的异常节点数据有 11 个。同正常数据一样，货量较小时，可以省略已下单超时未发货数量、集货仓已收货超时未理货数量、已装柜超时未清关数量、已到港超时未清关数量、海外仓已收货超时未理货数量这 5 个节点数据。剩下 6 个节点的异常过程数据一定要追踪。

（三）结果数据

有两个结果数据要关注。

一是在途库存最终可以到达上架并准备销售的件数。

二是 SKU、店铺、行业维度的库存件数峰值=可售库存件数+在途可最终上架的件数-期间的销售件数。这个数据无论对于销售端还是仓储运营端都很重要。

四、为什么无法落地

基于以上流程，几百万件、几千万件或上亿件货物，基本都可以顺利追踪数据且节点清晰。但是，同样的流程，有时却无法落地，主要有 3 个原因。

（1）组织的发展阶段不同，面临的问题也不同，特别是新组织，常存在各种问题。

（2）管理者不重视，意识不到问题的严重性。

（3）下游的思维和行动。

下游环节面对问题常存在三种思维和行动习惯：

①没有办法所以不解决。②这不是问题，所以无需解决。③这不是我的问题，所以不关心。

为此，上游环节要先发制“事”，去做重要还不紧急的事情。病入膏肓时，纵然扁鹊再世，也无力回天。世人皆知扁鹊是神医，扁鹊却说他的大哥才高明。扁鹊曾对魏文侯说，其大哥治未病，是在病情发作之前。那时候病人还不觉得有病，但其大哥就开始下药铲除病根。因此，应如扁鹊的大哥一般，先发制“事”，把重要问题在未变得紧急棘手之前解决掉。

第六章　大促管理

电商经常要进行大大小小的促销活动，日常的精细化运营和沉淀是为了大促的厚积薄发。大促是检验电商运营能力的试金石，做大促既要有平常心，也要精心组织和准备。

第一节　如何做好大促 PM

大促，首先要制定 PM 方案。以下从 8 个方面详细解读如何做好供应链和物流的大促 PM，如图 6-1 所示。

（1）组建团队 ·项目组成员 ·项目总PM ·项目团队 √不要让你的队友失败	**（2）确定项目KPI** ·单量 ·P&L ·时效 √成本收入 √消费者体验	**（3）排兵布阵** ·大促各部门主要事项 ·项目Milestone和时间规划表 √排兵布阵 √运筹帷幄	**（4）大促前检查清单** ·通用的检查清单（Check list）表头 ·部门检查清单的详细事项 ·检查清单进展追踪
（5）大促前的预案 ·单量超预期 ·批量货物滞留或晚到 ·清关异常 ·未知风险的升级机制	**（6）大促中协同** ·大促值班安排 ·三类协同：供应链与生意端/物流供应链之间/物流供应链与计划供应链协同 √作战计划 √前后协同	**（7）大促中异常处理** ·异常节点追踪 ·订单履行追踪 ·滞留追踪 ·超时赔付 √优先级 √解决人和时间	**（8）大促后收尾和复盘** ·尾单处理 ·大促复盘：数据、分析、沉淀 √Highlight、Lowlight √能力沉淀

图 6-1　电商供应链和物流大促 PM 的 8 大模块

大促就是一个项目，属于项目管理的范畴，以下基于普适于项目管理的方法和思路，针对电商大促管理进行阐述。

一、组建团队：项目组成员和团队构成

（一）项目组成员

做项目首先要构建团队，重要的项目 PM 可由团队成员或组织委派指定。

大促项目团队与日常团队既有相同点也有区别。

- 项目团队具有较强的目标导向，通常有明确的数字 KPI，如大促的 GMV 达成、单量预测准确率、出库及时率、全链路时效提升、消费者体验等；而日常团队更多用 OKR 来衡量。
- 项目团队成员是临时的，与 PM 并没有上下级关系。成员“行胜于言”很重要，因为项目每个行动都有严格的时间要求。
- 项目团队成员间的合作更加紧密。在日常工作中，团队成员负责不同的事情，并没有太多关联。但是，项目团队成员需要通力合作，确保项目目标的达成。

（二）项目总 PM

做项目如同创业，项目总 PM 是整个项目的第一负责人，作为项目总 PM，要成功，就要倾其所有。项目总 PM 不能遇到问题就觉得项目或者人不对，而要解决问题，因为一个紧急项目通常无法临时换人。团队成员做不好的事要认真细心教授他们做，紧急时刻甚至亲自上手。项目总 PM 是那个最终为项目成败负责的人。这一点，无论是对于日常领导者还是对于项目领导者，是共通的。

（三）项目团队

除了供应链和物流团队成员外，还有横向保障团队成员，共同构成了项目团队，可以称为“大促职能部门”。电商大促管理项目团队构成如表 6-1所示（其中，××指项目团队的成员）。

表 6-1　电商大促管理项目团队构成

大促项目团队（职能部门）		PM	主管
总 PM		××	××
供应链和物流团队	计划供应链	××	××
	单量预测	××	××
	行业解决方案	××	××
	仓储运营	××	××
	配送运营	××	××
	物流关检务	××	××
横向保障团队	消费者体验	××	××
	服务保障	××	××
	产品保障	××	××
	数据保障	××	××
	技术保障	××	××
	财务	××	××
	结算（会计）	××	××
	法务	××	××
	PR	××	××

供应链和物流团队：计划供应链、单量预测（预测是物流计划的一部分，因为单量预测在大促时很重要且要做的事情很多，所以单独列出来）、行业解决方案、仓储运营、配送运营、物流关检务。

横向保障团队：消费者体验、服务保障、产品保障、数据保障、技术保障、财务、结算（会计）、法务、PR。

没有完美的人，但是有完美的团队，供应链和物流各部门在大促中要环环相扣。

二、确定项目 KPI：收入成本及体验

对于生意端，大促的主要 KPI 是 GMV 达成率。

对于供应链和物流端，主要有两个 KPI。

一是与成本收入相关的单量达成率。单量预测准了，可以降本、增收、提效。单量达成率低了，则会浪费资源和人力；单量达成超预期过多，又有时效问题。对于自营仓，还需要分析 P&L。

二是与消费者体验相关的全链路时效。全链路时效=仓库出库时效+线路配送时效。日常出库时效可能是 24 小时或者根据截单时间，大促则需要根据各仓单量确定。必要的话，根据日常和大促单量预测对仓库进行分类：超大仓、大仓、中仓、小仓。因为并非根据单量大小等比安排人力就能确保同样的时间出库，所以 4 种类型的仓库有不一样的出库 KPI 目标，如表 6-2 所示。

表 6-2 电商大促管理物流 KPI 举例：出库时效

<table>
<tr><th>仓类型和订单支付日期</th><th colspan="5">大促仓库出库时效考核目标</th></tr>
<tr><td>超大仓</td><td>9 月 9 日</td><td>9 月 10 日</td><td>9 月 11 日</td><td>9 月 12 日</td><td>9 月 13 日</td></tr>
<tr><td>9 月 9 日</td><td colspan="4">9 月 12 日清关完成转配送完成××%</td><td></td></tr>
<tr><td>9 月 10 日</td><td></td><td colspan="3">9 月 12 日清关完成转配送完成××%</td><td></td></tr>
<tr><td>9 月 11 日</td><td></td><td></td><td colspan="3">9 月 13 日清关完成转配送完成××%</td></tr>
<tr><td>大仓</td><td>9 月 9 日</td><td>9 月 10 日</td><td>9 月 11 日</td><td>9 月 12 日</td><td>9 月 13 日</td></tr>
<tr><td>9 月 9 日</td><td colspan="3">9 月 11 日清关完成转配送完成××%</td><td></td><td></td></tr>
<tr><td>9 月 10 日</td><td></td><td colspan="2">9 月 11 日清关完成转配送完成××%</td><td></td><td></td></tr>
<tr><td>9 月 11 日</td><td></td><td></td><td colspan="2">9 月 12 日清关完成转配送完成=××%</td><td></td></tr>
<tr><td>中仓</td><td>9 月 9 日</td><td>9 月 10 日</td><td>9 月 11 日</td><td>9 月 12 日</td><td>9 月 13 日</td></tr>
<tr><td>9 月 9 日</td><td colspan="2">9 月 10 日清关完成转配送完成××%</td><td></td><td></td><td></td></tr>
<tr><td>9 月 10 日</td><td></td><td colspan="2">9 月 11 日清关完成转配送完成××%</td><td></td><td></td></tr>
<tr><td>9 月 11 日</td><td></td><td></td><td colspan="2">9 月 12 日清关完成转配送完成××%</td><td></td></tr>
<tr><td>小仓</td><td>9 月 9 日</td><td>9 月 10 日</td><td>9 月 11 日</td><td>9 月 12 日</td><td>9 月 13 日</td></tr>
<tr><td>9 月 9 日</td><td colspan="2">9 月 10 日清关完成转配送完成××%</td><td></td><td></td><td></td></tr>
<tr><td>9 月 10 日</td><td></td><td>日清</td><td></td><td></td><td></td></tr>
<tr><td>9 月 11 日</td><td colspan="2"></td><td>日清</td><td colspan="2"></td></tr>
</table>

假设促销日期（订单支付日期）是2022年9月9—11日共3天，超大仓、大仓、中仓、小仓这3天的仓库出库目标分别是4天/3天/3天、3天/2天/2天、2天/2天/2天、2天/1天/1天，以超大仓的4天/3天/3天为例，其他以此类推。

超大仓4/3/3天：

9月9日0时至24时的订单，9月12日24时前完成仓配交接××%；

9月10日0时至24时的订单，9月12日24时前完成仓配交接××%；

9月11日0时至24时的订单，9月13日24时前完成仓配交接××%。

其中，××%可根据情况设定，一般是99.0%~99.9%。

至于超大仓、大仓、中仓、小仓要怎么定义，并没有一个绝对标准，要根据实际情况定义。体量大的，几百万单的才算是大仓或者超大仓。

还有一些其他的辅助KPI，如体验不降级、丢失破损率等。

三、排兵布阵：项目事项模块、时间表

设置KPI、组建团队之后，就要列出团队要做的主要事项模块。

（一）大促各部门主要事项

图6-2列出了电商大促管理供应链和物流各部门的主要事项。

（二）示例：项目里程碑（Milestone）及时间规划表

对于电商大促管理的主要事项，可以列出项目Milestone，即主要事项和对应的完成时间点，可以甘特图表示，也可以主要事件时间表表示。

图6-3为主要事项和进度表（并不需要列出所有职能部门的主要事项和精确对应时间，不仅可以用于大促项目管理，也可以用于其他项目管理），可以简单地用“已完成”和“未完成”来表示进度，一目了然。

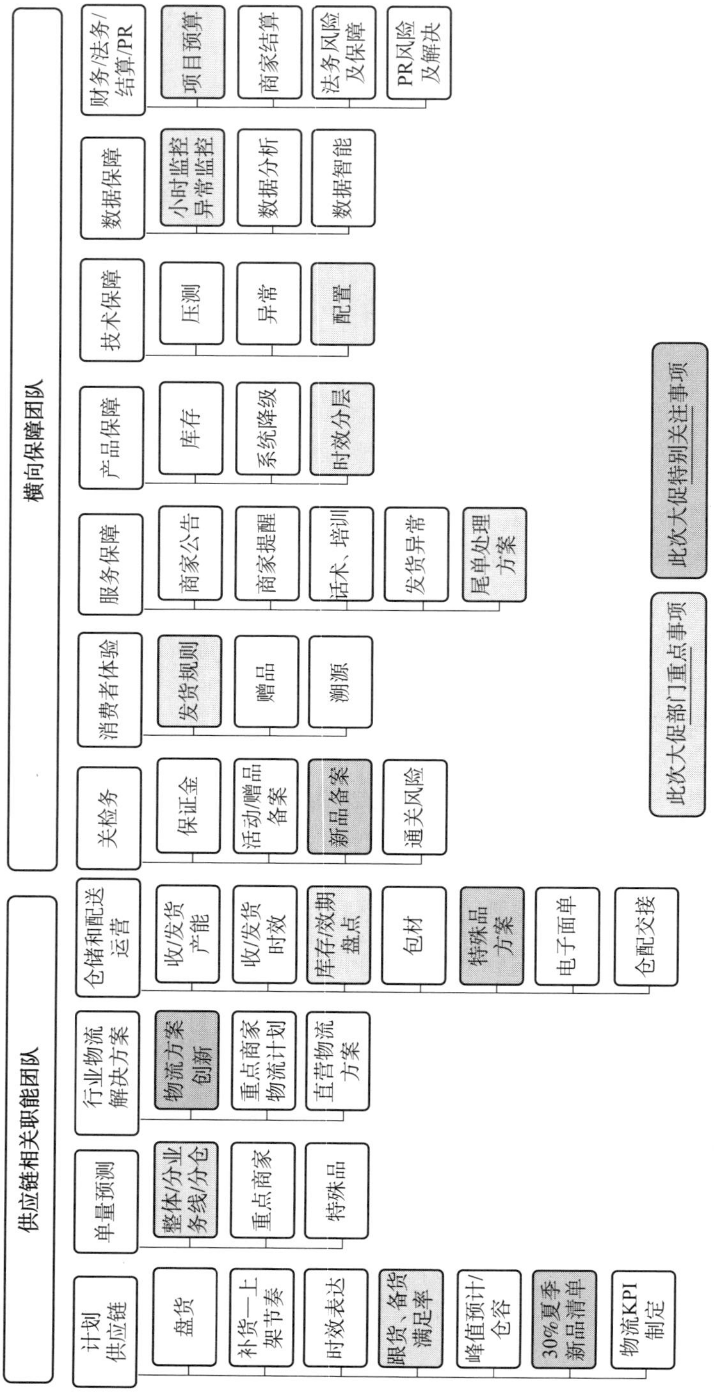

图6-2 电商大促管理供应链和物流各部门的主要事项

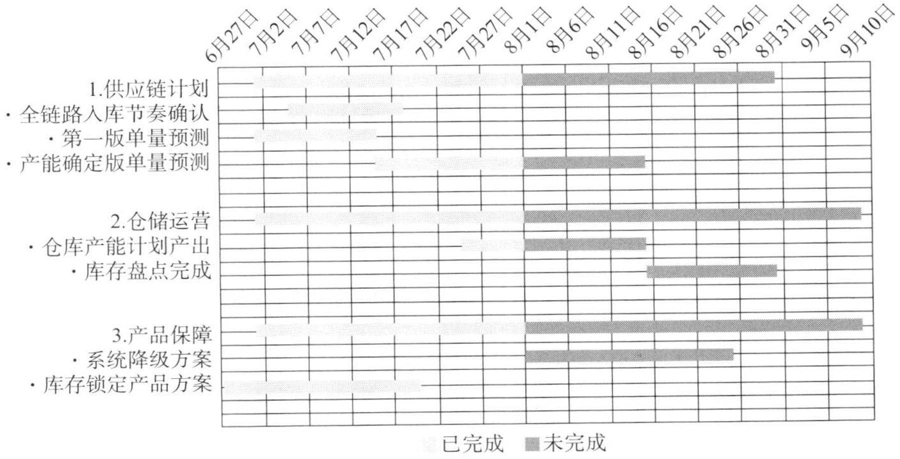

图 6-3 主要事项和进度表举例

也可以做个简单的 Milestone 图，这是笔者常用的方法，如图 6-4 所示。

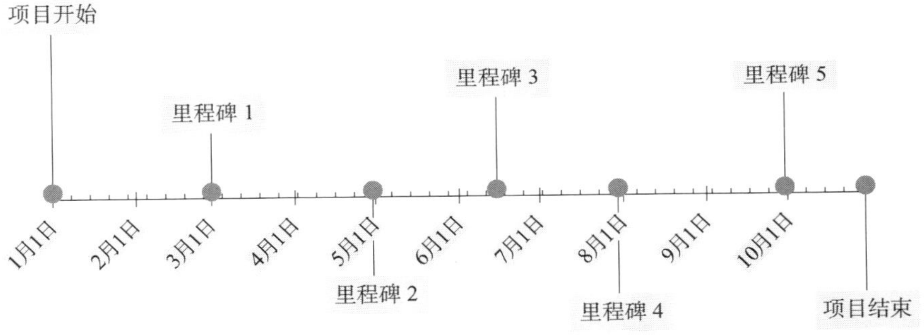

图 6-4 项目里程碑举例

四、大促前的检查清单（Check list）

列出各团队事项模块后，就要制定详细的行动清单了，也就是 Check list，不管是大促管理还是其他项目，都可以用 Check list。一开始可列出所有可能要做的事项，之后再删减。

（一）通用的 Check list

如表 6-3 所示的表头，不仅大促管理可以用，其他项目管理也可以使用。

表 6-3　通用的项目 Check list

部门	责任人 RACI	跟进事项	目前进展	下一步行动	风险点	风险等级	是否本次大促特有	开始时间	计划完成时间	实际完成时间	完成状态
						H/M/L	Y/N	MM/DD/YY	MM/DD/YY	MM/DD/YY	已完成（done）/正在进行中（on going）/还未开始（not start）

（1）部门：对应的部门。

（2）责任人：一般只需要写明各部门对应的项目子 PM；具体也可以列明 RACI，即 Responsible（直接负责人）、Accountable（上一级责任人）、Consult（咨询人）、Inform（需要被通知人）。

（3）跟进事项/目前进展/下一步行动：每件需要跟进的事项、现在的进度、下一步做什么，分别用一两句话概括。

（4）风险点：已经出现或者潜在的风险概括。

（5）风险等级：H 表示高，M 表示中等，L 表示无风险。

（6）是否本次大促特有：Y/N，即是否为这次大促特有的事项。

（7）开始时间/计划完成时间/实际完成时间：根据大促开始时间，先倒推完成（计划完成）时间，再根据完成事项需要的时间，判断开始时间。

（8）完成状态：主要有 3 种，包括 done（已完成）、on going（正在进行中）、not start（还未开始）。

（二）各部门 Check list

以下为各部门大促期间需要跟进的具体事项。

（1）计划供应链：全链路入库节奏制定、全链路入库跟货、盘货—备货满足率追踪、新品清单和数量、效期规则、时效表达规则、时效页面表达调整、物流整体 KPI（××天发货××天签收 99.5%，P&L 损益）、整理异常处理和分工流程。

（2）单量预测：整体、分业务线、分通路单量，分仓分口岸单量，分仓分口岸保证金 GMV，特殊品单量。

（3）行业物流解决方案：物流解决方案创新、重点卖家特殊品物流需求收集、重点卖家计划和物流方案跟进、行业数据需求。

（4）仓储运营：资源保障、最晚到港时间确定、仓库收/发货能力准备、仓库出库时效确定、库存盘点安排、临期品下架操作、包材储备、特殊品包装、出库履行监控。

（5）配送运营：仓配交接事项确认、特殊商品的配送和包装方案、电子面单余额确认、线路报价系统配置、配送时效确认。

（6）关检务：税金担保、保证金异常监控、各口岸活动报备、赠品、口岸单量披露、新品商品备案、通关风险清障、异常场景关检务业务预案梳理。

（7）消费者体验和服务保障：卖家对消费者发货规则、卖家推单要求/送货要求、承诺时效必赔情况（是否下线、是否调整）、系统功能调整、库存相关情况、快递派送时效是否特殊（如延迟）、其他（冰冻期/特殊区域等是否有特殊情况需要预警卖家）、特价秒杀备案要求、投诉相关事宜（是否维持日常判责规则）、提醒卖家及时发货/到港、设置自动流转提醒、服务人力保障。

（8）产品保障：需要保障的产品功能、系统功能降级（什么情况会降级）潜在影响方案，“时效分层+表达”的技术和产品支持（技术是否支持时效调整、每天是否可加不一样的时效等）。

（9）技术保障：封网时间确定、单量压测方案、单量发放、系统功能降级的潜在影响、审单异常、配置项检查、超大仓驻场支持、常见问题梳理。

（10）数据保障（BI）：单量预测支持、KPI 设定数据支持、小时报、日报、活动结束后与历史促销数据对比、确认数据机器人内容、行业重点卖家数据需求（时效、物流履行、破损、投诉率等）、尾单物流履行、项目其他数据支持和需求。

（11）财务和结算：保证金审批、项目预算保障、税金支持以及卖家结算问题、卖家欠费清单、其他。

（12）法务和 PR：法务和 PR 相关。

（三）Check list 进展追踪

在大促刚开始时，一般以项目周会形式更新各事项进展。进入大促前期，可能 2 次/周也可能是日会，根据需要安排即可，重要事项的进展和异常则需要随时更新。

作为项目 PM，遇到问题时，先要和大促小组一道做初步排查，若无法解决可寻求专家介入；若仍不能解决，则征求相关方意见后升级，并兼顾好时间。

该升级则升级，否则就有可能把本可以通过升级渠道解决的问题，拖至最后一刻也解决不了，或者要花费很大成本才能解决。但是，不要一有问题就轻易升级或者大量升级。

五、大促前的预案

大促前需要对异常情况提前做好预案，进行沙盘推演。有时候虽然做了很多预案，但是因为活动非常顺利根本用不上；有时候即使做了很多预案，仍然出现突发紧急情况。常见异常及预案如下。

（一）单量超预期、时效无法达成的风险（含根据预售、预热加购情况推导）

笔者曾担任十几亿元大促供应链和物流的总 PM，在单量远远超出预测的情况下，仍然保持了很好的时效和消费者体验，异常数据低，主要是提前做了充分准备。

如表 6-4 所示，大促前需要对每个环节的人员进行盘点，从中可以发现包装环节需要很多临时工，而其他环节更需要正式工。通过确定正式工和临时工的比例，提前与外包公司确认增减人员规则（如提前××天仍然可以增加人员），不至于太被动。根据预热情况调整班次、增加夜班、增加临时机台。如果增加人员、增加资源、增加夜班仍然不能解决，那就只能延长时效了。

表 6-4 大促前的仓库资源盘点（随机数模拟） 单位：人

××仓人员投入			人员缺口		
序号	环节	单班次	两班倒	长期工	临时工
1	打单	7	14		
2	分单	3	6		
3	补货	9	18		
4	叉车	6	12		
5	库存管理	2	4		
6	拣货 QC	4	8		
7	拣货	13	26		
8	复核 QC	2	4		
9	复核称重	11	22		
10	包装	280	560		200
11	包装方案	9	18		
12	过机	11	22		
13	耗材	9	18		
14	异常处理	3	6		
15	出库 QC	7	14		
16	仓配交接	7	14		
17	机动人员	8	16		
合计		391	782	0	200

（二）批量货物滞留或者延迟，大促前无法上架的风险

不管是为了平台还是为了卖家，对于晚到的货还是尽量签收。这个时候已没有什么更好的方案，只能想尽办法调配出人手和空间，收货、理货、上架，在系统上把在途库存变成可售库存。

（三）跨境保税模式下可能发生的清关异常

清关异常可能是由于特价或者赠品没有提前报备，海关限流、自动流转变成人工审单导致下发速度慢，也有可能是其他原因。跨境订单需要三单（交易单、支付单、物流单）“合一”和“对碰”，整个订单流转顺序

是：买家支付—卖家或系统推单—预报关—仓内作业—仓库称重—清关—揽收—配送。因此，如果清关异常，订单无法下发仓库，也无法转交配送，仓库和配送只能干等，不仅浪费资源而且达不成时效。如图 6-5 所示，清关异常常发生在预报关期间（卖家或系统推送订单后，下发打包指令）和正式清关期间（仓库称重完成，清关完成才能转交配送）。

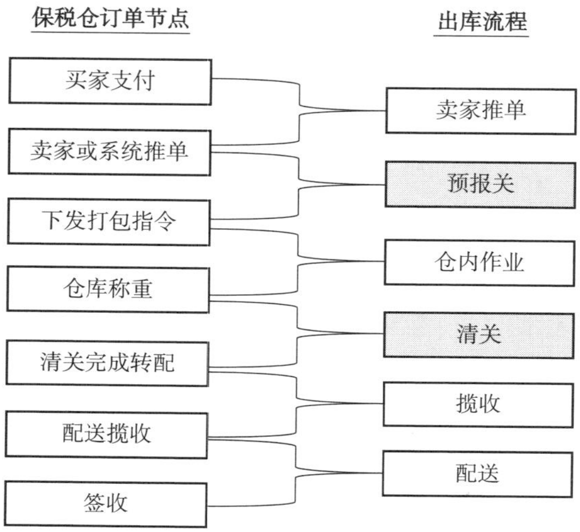

图 6-5　大促清关异常发生的节点

（四）未知风险的升级机制

对于未知风险，如舆情风险等，要提前定义好是个别事件还是批量事件。对于批量事件或者有舆情风险的事件，要设定风险等级，依据风险等级确认升级机制的响应时效。例如，子 PM 0.5 小时升级至主管和总 PM，总 PM 0.5 小时内升级至更高管理层；0.5 小时内响应，2 小时内出解决方案，4 小时内解决。

六、大促值班安排和协同

经过多年的磨炼，电商系统的迭代升级加上流程的不断完善，各个环节已很顺畅了。不过大促期间还是需要安排人员查看异常。大促中和大促后供应链物流的值班安排如表 6-5 所示。其中，××代表的是对应部门的值班人员姓名。

表 6-5 大促中和大促后供应链物流的值班安排

大促值班安排		情报中心	计划供应链	单量预测	行业解决方案	仓储运营	配送运营	关检务	消费者体验	服务保障	产品保障	技术保障	数据保障	财务	结算	法务	PR
时间/PM		××	××	××	××	××	××	××	××	××	××	××	××	××	××	××	××
活动中	9月9日白天	××	××	××	××	××	××	××	××	××	××	××	××	××	××	××	××
	9月9日晚上	××	××	××	××	××	××	××	××	××	××	××	××	××	××	××	××
	9月10日	××	××	××	××	××	××	××	××	××	××	××	××	××	××	××	××
	9月11日	××	××	N/A	××	××	××	××	××	××	××	××	××	××	××	××	××
活动后	9月12日	××	××	N/A	××	××	××	××	××	××	××	××	××	××	××	××	××
	9月13日	××	××	N/A	××	××	××	××	××	××	××	××	××	××	××	××	××
	9月14日	××	××	N/A	××	××	××	××	××	××	××	××	××	××	××	××	××
	9月15日	××	××	N/A	××	××	××	××	××	××	××	××	××	××	××	××	××
	9月16日	××	××	N/A	××	××	××	××	××	××	××	××	××	××	××	××	××
	9月17日	××	××	N/A	××	××	××	××	××	××	××	××	××	××	××	××	××
	9月18日	××	××	N/A	××	××	××	××	××	××	××	××	××	××	××	××	××

大促中要确保各环节部门的协同，协同主要有 3 类。

（1）供应链与生意端的协同，指与行业、营销端的 GMV 协同。根据流量、加购 UV、加购转化、行业结构变化、GMV 达成情况等，调整单量预测。

（2）物流供应链之间的协同，指根据单量预测，物流仓内部、物流各仓之间进行资源的调配。

（3）物流供应链与计划供应链的协同，指根据单量调整和资源的情况，决定是否进行时效调整，要配置产能波次能力调整的时间节点。

七、大促中的异常处理

大促中常发生的异常主要有 4 种：异常节点追踪、订单履行追踪、滞留追踪、超时赔付。

如果有数据看板就用数据看板，如果没有数据看板就用表格，注意设计好表头。

定义好每种异常追踪的责任人和时间段，这和检查清单类似，但又不完全一样。最重要的是，需要定义每条异常的优先级、解决人和解决时间。需要每天或者××小时发出异常情况汇总，高光（Highlight）需要引起PM 和管理层关注。

八、大促的收尾和复盘

活动收尾主要是尾单处理。时效目标经常设置为 99.5%或者 99.9%，但是剩下的 0.5%也需要处理。如果是 1000 万单的话，0.5%的尾单就是 5 万单，量还是很大。针对这些主动体验性的发起赔付，如承诺“时效+X 天”（X 可以定义），或者针对物流详情停滞 X 天，服务团队代消费者发起主动赔付。

供应链和物流的大促复盘，主要围绕 KPI 达成情况，主要有单量、时效、P&L，以及消费者体验（投诉、退款、破损等）、行业解决方案等，具体如下。

（1）数据呈现：达成情况、同比和环比，大盘情况、分仓分行业情况等。

（2）分析原因并为后续积累数据沉淀。比如，一次大促，GMV 和单量大幅超预测，时效更快，消费者体验数据更好。做得不好的方面要找原因，做得好的方面要分析是否可为后续大促做更多数据沉淀。具体如下。

一是仓库出库，确保超大仓和大仓按计划产能出库。为此要做充分准备，预热前增加人员，预热中根据最新预测紧急安排倒班、增加临时机台。当然，仓库在提报计划产能时要留有余地。

二是配送优化。超大仓和大仓接入了顺丰、大件接入了德邦，其他做（江苏、浙江、上海）直发，15%订单的时效提升了 0.5~1 天。

三是足够重视尾单清理。每个仓的几千单由尾单专项组主动清理。

（3）做得好的高光部分和做得不足的低光部分（Lowlight），以及后续改善计划，都要做认真复盘和总结。

第二节　电商计划供应链大促做什么

日常供应链是一个数据积累和沉淀的过程，而大促则是对平时成果的检验。

电商供应链大促时，绝大多数事项都要在大促前准备好。所谓兵马未动，粮草先行；工欲善其事，必先利其器。如果大促前没有准备好，那么大促中一定会大乱。

电商供应链有计划供应链和物流供应链。计划偏前端，物流偏后端，两者有交集，需要做很多协同。

计划供应链（生意计划+物流计划）的过程核心为“库存”，结果核心是货品转化为生意的“效率”。同时，作为最前端（市场/营销/行业）和后端（物流）的中间链接，计划供应链背负着“生意”目标结果。围绕着生意、库存和效率，图 6-6 概括了计划供应链大促要完成的事项。

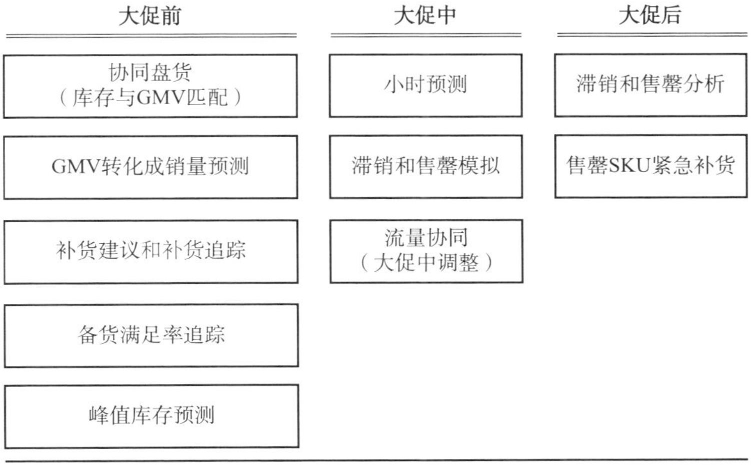

图 6-6　计划供应链大促做什么

一、大促前：盘货、备货追踪、预测

（1）协同盘货（库存与 GMV 匹配）。以行业为主，以供应链为辅，关注重点品类、重点 SKU、重点店铺的目标。同时，将目标转化为大促时需要准备的库存件数。

（2）GMV 转化为销量预测。把生意转化为数量，主要涉及销售件数、订单数、件单比。

（3）补货建议和补货追踪。根据销量预测，结合现有可售库存、在途库存、大促前预计销售件数，计算大促期间和大促后一段时间的补货件数。同时，需要追踪卖家和供应商是否补货，特别是爆款。

（4）备货满足率追踪。这与协同盘货和补货都相关。补货后，销量在变化，店铺因为各种原因可能拿不到货或者拿到其他货，要持续追踪库存能否满足 GMV 需要。

（5）峰值库存预测。峰值库存＝可售库存＋在途库存＋新补货－大促前的销量预测。峰值库存与盘货、备货满足率追踪密不可分。

二、大促中：时间段预测、售罄模拟、流量协同

（1）时间段预测。协同 BI，根据同类货品历史大促的小时成交占比和小时达成，预测全天的销量。只要平台的活动时间段没有大变化，消费者的消费习惯一般不会有大变化。比如，凌晨 1—2 时付尾款，那么前 2 小时是全天消费占比最大的时候，上午 10—12 时、下午 2—4 时、晚上 9—10 时有一波销售小高峰。如果平台在最后 1 小时发布大额优惠券，则最后 1 个小时还会有一波销售高峰。

（2）滞销和售罄模拟。根据小时预测，结合可售库存，推测大促结束后，哪些 SKU 会缺货，是大促中缺货还是大促后缺货；哪些会滞销。

（3）流量协同（大促中调整）。根据滞销和售罄模拟情况，联动资源团队给有库存的重点 SKU 更多的流量，下调售罄或即将断货的 SKU 流量。

三、大促后：滞销售罄分析、紧急补货

（1）滞销和售罄分析。进行售罄和滞销品类与 SKU 分析，为后续的销量预测和补货做准备。

（2）售罄 SKU 紧急补货。售罄或者卖得好的货品库存所剩不多的，要

进行紧急补货和追踪。

第三节 电商物流供应链大促做什么

大促消息发布的时候，是生意端可以松一口气的时候，却是物流供应链部门开始忙碌的时候。除了要为大促前降本和提效做充分准备外，大促中和大促后还有很多工作要做。如果生意端的促销期是 1 天，那么物流供应链端的促销期可能达 1 周甚至更长。

物流供应链为将生意计划和能力转化成物流计划和能力，要做各种物流解决方案。物流供应链，包括物流计划、物流仓储、物流配送、物流关检务、物流解决方案。物流供应链的工作模块主要有："进""存""销"或者"出"。围绕"进、存、销"，图 6-7 概括了物流供应链大促要完成的具体事项。

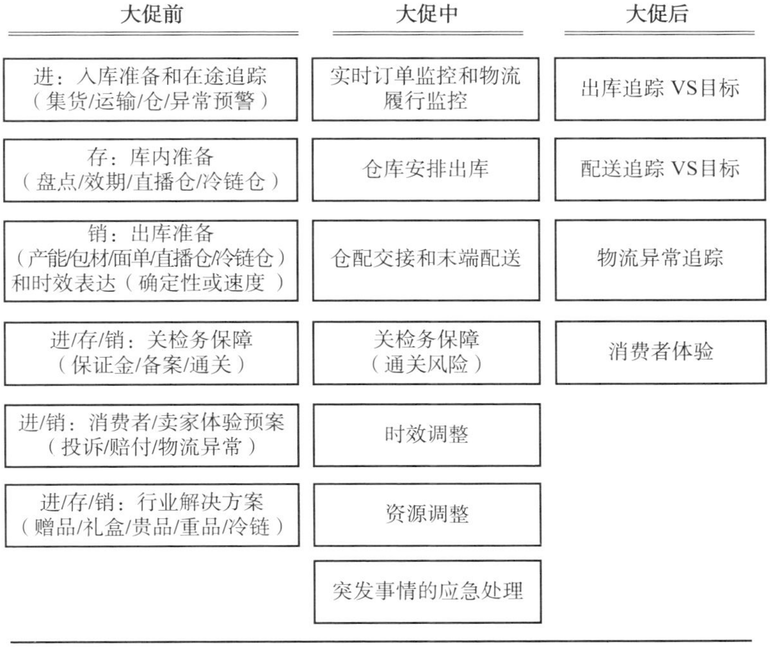

图 6-7 物流供应链大促做什么

一、大促前：进、存、销准备和解决方案预案

（1）入库准备和在途追踪——进（集货/运输/仓/异常预警）。入库准备包括集货仓的收货能力，国际干线资源，港到仓的资源和清关，仓库的收货、理货、上架能力。根据计划供应链确认的新补货件数，结合以往大促的时间曲线以及特殊情况到货的排摸，大概确定每个时间段的来货情况，进行全链路安排。对于在途库存不能按时到达的，需要建立异常预警机制。

（2）库内准备——存（盘点/效期/直播仓/冷链仓）。首先是要确定准备多少仓容，需要什么样的货架。仓容分为收货、理货、暂存、存储区域。根据计划供应链的峰值库存件数预计，通过件数与体积、面积的转化关系，得到需要的仓库面积和托盘数。同时，需要安排合适的时间进行库存盘点、临期品通知和下架。此外，对于特殊品（大件、贵品、礼盒、冷链商品等）可能需要对库容和流水线进行特殊安排。对于直播仓或者安排直播的仓库，要提前进行直播安排。

（3）出库准备（产能/包材/面单/直播仓/冷链仓）和时效表达（确定性或速度）

①出库准备——销（产能/包材/面单/直播仓/冷链仓）。订单产生后，如何组织发货？卖家需要根据单量预测，盘点库内资源的准备情况即产能，包括流水线、打包台、分拣台、仓配交接等。同时，检查包材、面单的数量够不够，提前确认。直播仓的爆发时间段和普通仓不同，订单取消率更高。要根据直播时间安排出库人员，同时调配更多的资源进行取消订单的库内拦截和末端配送拦截。基于冷链仓的订单量和冷链配送，合理确定正式工人和临时工人的比例。

②时效表达——销（确定性或速度）。时效即从消费者下单到包裹签收的时间。现在各大电商平台下单，发货速度越来越快。时效表达包含两层含义：确定性、速度。确定性有的平台会表达成预计到达，有的平台表达为承诺到达，有的平台则会表达预计几天内发货。大促时期的时效表达既不能过于激进，也不能超出消费者的容忍度。卖家要依据单量预测（普通品、贵品、大件订单、冷链）和件单笔（影响操作复杂性），结合仓库、

仓配交接、分拨中心和末端的人力、物力资源安排，安排每天的出库和配送产品量，看多少天能完成，再判断在日常时效表达基础上增加多少天合适，也就是我们经常说的$T+X$。

（4）关检务保障——进/存/销（保证金/备案/通关）。对于跨境电商来说，关检务是保障物流顺畅的重要一环。这一过程涉及进出口商品和企业备案、向属地口岸与海关总署缴纳税金担保和保证金、单量披露，要确保海关资源在爆发时不会卡单。特价秒杀、0 元赠品等都需要报备，否则容易卡单。

（5）消费者/卖家体验预案——进/销（投诉/赔付/物流异常）。成本、体验是衡量物流供应链最重要的指标。体验包括卖家端和消费者端的体验。卖家端的体验，包括提前通知（店铺页面发货规则）、大促系统功能（如商、货品绑定，库存调整等）降级、时效调整，提醒卖家把握全链路节点的截止时间，等等。消费者端的体验，包括对于破损、少货、丢货、物流异常、物流详情错误等的处理和赔付；甚至出现极端天气，如暴雨、台风导致区域限购，也要通知卖家和消费者。

（6）行业解决方案——进/存/销（赠品/礼盒/贵品/重品/冷链）。主要指特殊品类的物流解决方案。如赠品和礼盒的入库都有特殊要求，库内的打包操作也不一样。具体包括：礼盒是预售还是非预售，关系打包时间、捽包和组包方案等；贵品的赔付规则、恒温恒湿存储；重品和大件的包装、末端接入德邦大件配送等。同时，这些特殊品类还需要做单独的销量预测。

此外，要提供产品、技术、法务、PR、舆情小组保障等横向保障。

入库准备和在途追踪与“进”相关；库内准备与“存”相关；出库准备和时效表达与“销”相关；消费者/卖家体验预案与“进”“销”相关；关检务保障和行业解决方案则与“进”“存”“销”都相关。

不管是进、存还是销，人力、物力资源安排都有一个可接受的浮动范围。物流安排需要在单量预测的基础上富余一定比例，这个比例可以根据绝对值大小来看。量小的，增加 20%、30%都可以。量大的，如几千万元、上亿万元订单的情况，5%就是几百万元了。要有异常应急方案，当实际单量超出预测时，需要提前和供应商确定好响应时效；当实际单量小于预测时，是否可以中途撤出临时工；等等。

二、大促中：实时监控和资源调整

（1）实时订单监控和物流履行监控。基于 BI 加持，对比各条线路各个仓的分小时订单达成情况，并和其他大促进行对比。各个节点物流履行的效率，与同类大促进行同时间段对比，一般从整点看。

（2）仓库安排出库。根据波峰与波谷的时间段安排人员。以前促销总是从凌晨开始，波峰通常出现在凌晨 0—2 时，有可能占到全天单量的 30%左右，所以一定要安排夜班生产打包。后来，促销提前了，波峰也就提前了。

（3）仓配交接和末端配送。现在，大促期间有时候也能做当日达、次日达。全链路的时效主要指“仓库出库时间+配送揽收+末端派送”的时间。所以，和仓库安排出库一样，物流配送供应链也要根据波峰、波谷安排、调整车辆。

（4）关检务保障（通关风险）。对于跨境电商来说，大促时订单通常以几十万件甚至几百万件的速度秒级下发，可能会出现系统限流、自动审单异常、通关审核异常等情况，需要在促中及时应对。

（5）时效调整。当促销只进行 1 天或者某些仓、某些线路订单超过预测数量较多时，需要延长表达时效；如果订单低于预期，一般不需要调整时效。若促销进行多天，一般第 1 天的订单量最大，所以第 1 天需要延长时效的最多。

（6）资源调整。根据计划供应链大促中调整的单量预测，做单量超出或者低于产能时的资源安排和调整。比如，A 仓订单超量导致产能不足，而 B 仓订单不足导致产能多余，就要在 A 仓、B 仓之间进行人力调配。

（7）突发事情的应急处理。例如，急降暴雨可能影响仓库和配送的交接，特别是影响末端配送，需要制定专项方案。因此，冬天北方下雪，或者夏天南方出现酷暑天气，可能都要对特殊品类做区域限购。

三、大促后：物流履约和达成率

如果促销不止一天，那么大促后要做的事项，在大促的第 2 天也就是促中就要做了，具体如下。

（1）出库追踪 VS 目标。大促前要制定每个仓每天甚至半天或小时的出库目标。日常如果是 24 小时 99.5%或者 99.9%出库，那么大促期间基于体量，有的仓可能是 48 小时，有的仓可能是 72 小时。出库完成的物流信息节点是出库完成转配送，如果是保税仓则是清关完成转配送。因此，要对比出库产能计划与实际出库单量，如表 6-6 所示。

表 6-6 出库追踪 VS 目标（随机数模拟）

仓库	出库产能计划/单					
	9 月 9 日	9 月 10 日	9 月 11 日	9 月 12 日	9 月 13 日	总计
A 仓	3500	3000	2000	1000	500	10000
B 仓	2500	2000	1000	500		6000
C 仓	2000	1500	1000	500		5000
总计	8000	6500	4000	2000	500	21000
仓库	实际转交配送单量/单					
	9 月 9 日	9 月 10 日	9 月 11 日	9 月 12 日	9 月 13 日	总计
A 仓	3000	3500	2200	1000	1000	10700
B 仓	2600	2000	1200	800		6600
C 仓	1800	2500	1400	1000		6700
总计	7400	8000	4800	2800	1000	24000
仓库	产能达成率/%					
	9 月 9 日	9 月 10 日	9 月 11 日	9 月 12 日	9 月 13 日	总计
A 仓	86	117	110	100	200	107
B 仓	104	100	120	160		110
C 仓	90	167	140	200		134
总计	93	123	120	140	200	114

（2）配送追踪 VS 目标。仓库出库和末端配送紧密连接，一个包裹最终妥投的物流信息节点是“签收”。对于物流来说，只有消费者签收了才是一个 B2C 订单的完整链路。不同线路有不同的签收时效目标。大促期间

要关注订单3天、5天、7天签收比例，以及99.9%订单签收耗时。

（3）物流异常追踪。物流异常包括物流详情停滞、物流超时。一般每天都要更新物流信息，大促期间同样如此。如果超过3天没有更新物流信息，消费者可能就着急了。对于超过预计送达时效的订单，要专项处理，定位超时原因（可能丢件了、可能中转落单了，或者“最后一公里”没有接上），并主动触达消费者，更新预计送达时间，丢件的主动发起赔付。

（4）消费者体验。消费者体验包括超时体验性赔付、尾单处理、破损丢失等主动赔付。在大促期间，如果3天或者5天没有更新物流信息，可能就要主动向消费者发起安抚和体验赔付。大促时的尾单，是指超时未出库或者未妥投的订单，大促时的尾单要专项处理。如果大促订单总量有3000万单，1%就是30万单，0.1%也有3万单，是很影响消费者体验的。

第四节　大促中的实时数据预测

一、为什么要做实时数据预测

实时数据预测是指大促当天根据每小时的成交量推测最新的大促全天或者大促期间的成交量，包括GMV、销售件数、订单量。

做实时数据预测有两个原因。

一是在大盘和仓库维度，要根据最新预测协同物流进行大促中的资源调整（调整轮班、增减人员、不同仓之间的人员调配）、末端配送各个线路的运输资源调整。

二是在品类、SKU等维度，要根据最新预测量协同流量调控。

在业务发展的粗放阶段，可能没有必要进行实时数据预测。等到业务发展到几百万个、几千万个订单的时候，则需要进行实时数据预测。

二、实时数据预测的方法

（1）做实时预测需要有两个前提条件：实时数据和全天分小时成交量占比数据。如果大促不止一天，则还需要有大促期间分天的占比数据。

①实时数据。实时数据包括实时库存件数和成交量数据。由于大促系统限制等原因，实时库存的取数比较复杂且会占用大量资源，所以一般取大促当天 0 时的库存。实时库存件数=当天 0 时库存-实时销售件数。库存取可售库存还是良品库存呢？在没有预售的情况下，两者都可以，理论上两者应该是相等的；在有预售的情况下，要取良品库存，因为预售订单会占用良品库存数量，取可售库存数量就变小了。

②全天分小时成交占比。全天分小时成交占比是每小时成交量占全天成交量的比例。按区域、国家或者仓，再细分到类目、店铺、SKU。需要注意的是，虽然 GMV、销售件数、订单量的小时成交量占比趋势是一致的，但是三者之间有品类和价格上的巨大差异，所以小时占比是不同的，三者需要取不同的百分比数据。当大促不止一天时，其间分天占比的逻辑也要调整。

（2）大促当天的销量预测=实时销售数据/小时占比。大促期间的销量预测=第 1 天的销量/分天占比。计算非常简单，难在如何准确获取 2 个前提数据，同时要对实时数据进行校验和调整。

①实时数据的建设和校验。实时数据占用系统资源多，但这不是最大的问题。难点是实时数据建设完成后，第一版总是不准确的，要经过技术、BI 和业务部门的多轮核对与校验，深究每个细节和代码，以获取精确数据。

②全天分小时成交占比的调整和校验。是否取历史某个大促的占比作为参考就可以了？是，又不是。首先肯定要以历史为依据，但是需要根据大促的实际情况做调整，包括是否预售、品类活动时间段是否不同、店铺或者品类秒杀的时间段等，特别是直播的仓库需要调整。源数据调整后，再精确匹配到对应的维度，且需要仔细检查和校验。

③能否全部依靠线上数据系统？理想情况是系统自动计算，但现实总

是系统一般只能实现一半，另一半则需要人工介入，特别是业务刚开始阶段。比如，系统无法实现预测，需要导出实时数据在 Excel 表格中匹配小时占比。“人脑+机脑”协同，经过多次的小时预测，准确率都在 95%以上，平均可以达到 97%左右，最高达 99.9%。

三、滞销、售罄模拟与流量协同

做了小时预测后，接下来就要做滞销和售罄模拟，以及流量协同。

滞销可能导致大促后很长一段时间都要努力清货。售罄则会导致大促当天或者大促后断货，而补货可能来不及。

通常情况下，只要提前做好计划，一般不会出现大盘滞销或者大盘售罄。店铺和类目维度也较少出现售罄或者滞销情况。所以，滞销和售罄模拟主要针对 SKU 维度。

（1）大促全天销量预计量=实时销售数据/小时占比。

（2）大促后剩余库存=大促当天 0 时的库存-大促全天销量预计。

分以下 3 种情况。

①如果大促后剩余库存小于零，则大促中售罄：不再需要重点曝光，紧急补货启动。

②如果大促后剩余库存等于零，则大促后售罄：不需要促销，紧急补货启动。

③如果大促后剩余库存大于零，则计算大促后的 DOI，即大促后还能销售几天。根据备货时间和物流时间，定义 DOI，包括以下 3 种情况。

- 大促后有缺货风险：不需引入流量，紧急补货启动。
- 大促后库存健康：引入流量。
- 大促后有滞销风险：积极引入流量，启动促销。

滞销和售罄模拟及联动流量协同，这是较理想的情况，需要紧密的协同机制，且要在大促前制定好每个责任人的行动要点。

大促中做这些到底有没有用？实践证明有一定的作用，但是还没有精细化到用数字来衡量。要不要做？粗糙地做还是精细地做？取决于业务线、业务发展的阶段和是否建立了促前的协同机制。

第五节　S&OP 的运用：电商大促盘货流程

电商大促时都要盘货，完整的盘货流程就是一次 S & OP 实践，是需求与供应的匹配过程。需要高层、策划、行业、营销、BI、生意计划供应链、物流供应链（物流计划、仓储、运输、配送、关务、解决方案）等部门的输入、输出与参与。

一、参与盘货的职能部门

从需求驱动供应链的角度来看，参与盘货的职能部门可分成需求、供给、需求与供给的链接 3 个模块。

（1）需求方：策略规划、行业、营销、BI。

（2）供需的链接与匹配方：生意计划供应链、物流计划供应链。

（3）供给方：客服、物流仓储、运输、配送、关务、解决方案。

BI 是重要的参与者，但既不是供给方也不是需求方。GMV 目标一般是由 BI 协同输出，同时需要其他部门的输入。另外，BI 给各个部门提供数据支持，和其他部门相互需求与供给。

需求与供给不是绝对的，有时候需求方也是供给方，相互输入和输出。比如，行业人员需要对商品、卖家、单价结构的变化进行判断并提供供应链管理部门进行预测：生意能力→生意计划→物流计划→物流能力的转换。

另外，在盘货过程中还需要很多部门的参与支持，如产品、技术、PR 等。

二、大促盘货的输入

大促盘货可能要经过反复多轮，每个部门都要带着本部门的输入参会和对焦，具体为：需要其他人给什么信息、能提供什么信息、有什么问题、问题的解决方案建议等。S&OP 的运用：大促盘货的输入如图 6-8 所示。

（一）需求方的输入

策略规划：整体生意策略，包括成交目标、卖家/消费者体验策略。

例如，不仅要增长还要改善消费者的体验。

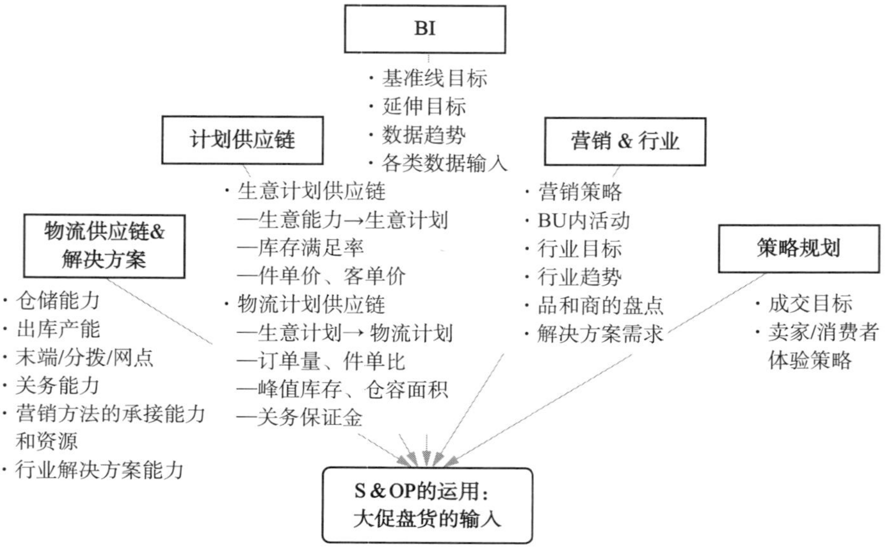

图 6-8　S＆OP 的运用：大促盘货的输入

营销：营销策略，如满减规则、优惠策略；BU 内活动，如直播专场、礼盒楼层等。

行业：行业目标与 BI 对齐；新品、新卖家、重点品、重点卖家盘点（包括金额、单价趋势）；行业供应链和物流解决方案需求，如环保包材、冷链。

BI：制定基准线目标、延伸目标，包括整体和分行业目标；数据趋势分析（竞争对手、行业对比等）。

（二）供需的链接与匹配方的输入

生意计划供应链：整体、分行业、分品类的成交金额，库存满足情况（现有库存满足率、需要新补货数量、补货情况），预计售罄率。

物流计划供应链：成交金额转化为物流计划，即计划和预测，包括件单价、笔单价、件单比、订单量、峰值库存、需要的仓库面积、关务保证金金额。其中，订单量和峰值库存需要拆解到品类，特别是大件商品。在很多事情上，物流计划供应链经常需要和生意计划供应链协同。

（三）供给方的输入

客服：客服人员安排、高峰时期的承接和响应，包括生意的客服和物流的客服。

物流供应链（仓储/运输/配送/关务）：现有能力、在大促时可扩展或增加的能力，如每个仓或者每条线路能承接多少订单量、最大仓容面积（是包仓还是公共仓）、配送末端线路和分拨网点数量、关务最大下发能力，以及包材情况、人员准备（正式工和临时工的比例等）。

物流解决方案：营销策略的承接能力和资源，如直播仓的能力准备，礼盒的生产和包装；行业解决方案能力，如特殊包材进货和存货能力、特殊品（大件、冷链、贵品）的仓储和配送。

三、大促盘货的流程

根据 S&OP 的流程，进行电商大促盘货流程的拆解，如图 6-9 所示。

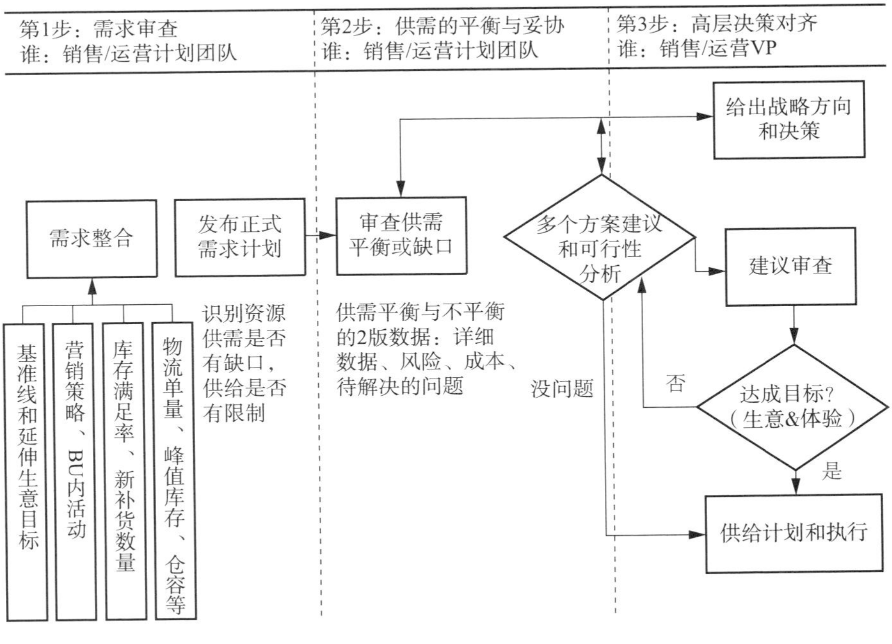

图 6-9　S&OP 的运用：电商大促盘货流程

第 1 步：需求审查

盘货时要把生意能力转化为生意计划、物流计划和物流能力。也就是把 GMV 转化为需要的库存和补货数量，再到物流单量、峰值库存数量、需要的仓容和资源（人力、设备等）。

在盘货过程中，先从上往下拆解总数量，也就是把总数分解成各个行业、各条线路、各个模式、各个仓的数量。再从下往上聚合，即从最细的 SKU 到卖家、到行业、到仓、到各个模式，再聚合成总数。看两个数之间是否匹配。同时，需求必须和整体策略相呼应。

在这个阶段，重点是确定需求计划与供给计划之间是否存在缺口。如果有，则需要各部门进行沟通、识别和发布。

第 2 步：供需的平衡与妥协

需求和供给一定会存在差异。

在这个阶段，需要提供详细的供需缺口数据，风险、解决方案和成本分析，以便管理层批复和决策。比如，物流的产能是不足还是过剩？在大促期间，有可能出现产能不足的问题，也可能出现有些地方产品过剩而有些地方产品严重不足的问题。哪些地方资源不足，原因是什么？比如，某个仓新进了大卖家，直播仓谈好了爆发力非常强的主播或者商品。

可以通过增加产能、扩仓，或者在不同仓、不同线路之间进行商品或卖家的迁移以解决区域间的不平衡。对应的风险是拿不到仓，被竞争对手抢先了；卖家不肯转移或者转移中出现丢失、破损货品等。对应的成本有费用上涨、出现问题申请预算。

在无法解决产能不足的情况下，为了确保卖家和消费者体验，可能要牺牲一定的 GMV。如果是 GMV 目标一定要实现，就要牺牲体验，同时做好体验的预案和预算。

同时，在此阶段，要更新产出与供给匹配的需求计划。

要这一步产出 2 版数据和方案，包括供需有缺口的版本和供需平衡的版本：详细分析数据、风险、成本、待解决的问题，以便高层进行战略决策。

第 3 步：高层决策对齐

高层基于第 2 步的产出进行决策，执行层则进行相应动作。如果 GMV

和体验目标都要实现，只能不惜成本和代价去扩仓、招人、找资源；如果为确保体验可以牺牲一定的 GMV，则要调整各行业的生意目标；如果可以牺牲体验（一般不会）确保 GMV，则要看卖家和消费者预案。

这个阶段，管理层要进行决策、执行层使决策落地。同时，要产出基于决策的最终需求计划和供给计划。

四、大促盘货的成功因素

（1）高层清晰的战略目标和对运营层的支持。

（2）跨职能参与，包括行业、供应链、BI、物流、营销、产品、技术等部门。

（3）例行盘货会议，所有参与者不仅要进行有质量、有数据支持的输入，而且每次要有输出。

（4）生意计划与物流计划需要有清晰和准确的转化，也就是如何把 GMV 转化成物流的单量和件数。

（5）成交目标要按从上往下拆解和从下往上聚合进行匹配，需求计划要有多轮过程管理和监控。

（6）联合供需计划，制定详细的需求计划，与供给计划进行匹配，基于供给缺口制定平衡方案。

第六节 为什么大促的发货速度越来越快了

11 月 10 日晚上将近 12 时付的尾款，11 日上午 9 时 30 分就收到包裹了。不能不让人惊叹现在“双 11”的发货速度。

国内几大电商平台，不管是京东、天猫、淘宝还是拼多多，这几年发货速度越来越快，即使是“6·18”“双 11”这样的大促，也能秒级发货，消费者一两天收到快递也不足为奇。这背后少不了许多电商物流人的努力和精耕细作。

在精细化运营阶段，日常的物流降本和提效可能存在矛盾。但是，在大促期间，可以结合营销策略、计划供应链的预测、物流供应链的提前准备，实现提效和降本。这里的“降本”不仅是对仓储物流企业而言，而且是对社会资源的整合利用和优化，降低的是全社会的资源成本。

通过“营销策略+物流精细化运营”，做到大促发货速度不降级，甚至更快，如图 6-10 所示。

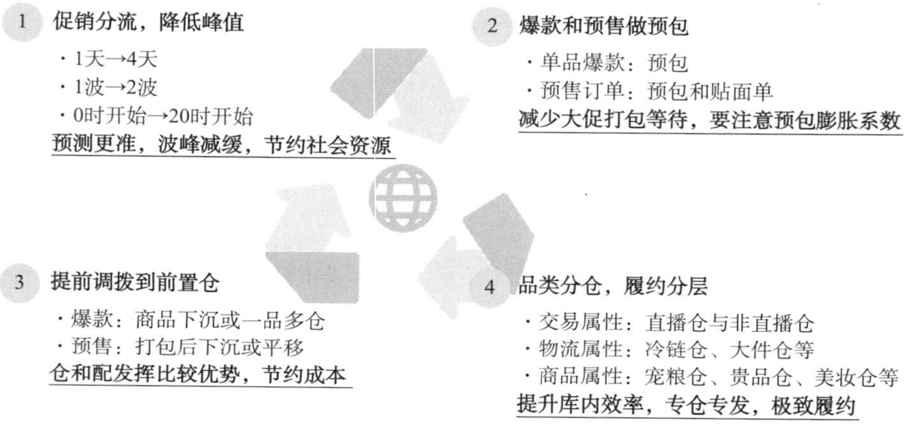

图 6-10　大促发货策略

一、促销变多天，有效分流，降低峰值

以“双 11”为例，预售和现货在促销时间上有几个变化。

（1）预售。之前大概为 10 月底 11 月初开始至 11 月 10 日，付尾款时间从 11 月 11 日 0 时开始；对比现在为 10 月 24 日开始至 10 月 31 日，主要变化是付尾款时间提前至 10 月 31 日 20 时。

（2）现货。之前，1 波 1 天，11 月 11 日促销一天，即 11 月 11 日 0 时至 11 月 12 日 0 时；对比现在，2 波 4 天。第 1 波：10 月 31 日 20 时至 11 月 4 日 0 时。第 2 波：11 月 10 日 20 时到 11 月 12 日 0 时。

1 天的大促变成 4 天，且分成了 2 波，极大地降低了峰值。之前“双 11”一天的峰值可能是日常单量的三四百倍，现在可能只有几十倍。一天要做日常的几百倍单量，对于物流来说是极大的压力，要准备的仓库面积、人力、车辆、物资等数量都很巨大。

波峰越高、波谷越低，成本越高、效率越慢。一方面，预测难以精准，预测不准确会导致准备不足或者过多；另一方面，为波峰准备的资源在促销结束后被释放或遣散，这些人力和物力在大促结束后很长一段时间都可能派不上用场，是对社会资源的极大浪费。

预售付尾款和正式活动开始时间都由 0 时变成了 20 时。“剁手党”不用熬夜，后端物流也可以更好地安排发货。仓库和快递可以更好地安排夜班，20 时开始的出货效率更高。

二、预售订单和单品爆款提前打包

提前打包在仓储物流行业被称作“预包”。

订单下发后，仓库操作的大致流程依次是打印面单→分发面单→播种和补货→去存储区拣货（包括拣货质检、质检复核，可能会用到叉车等）→工人在流水线打包（根据商品大小匹配不同箱型纸箱、胶带封装、匹配面单、贴面单、打包完成的包裹放入流水线，以及耗材的补货）→包裹经过流水线过自动称重机称重→包裹进入仓配交接区域→快递小哥揽收包裹。

可以看出，对于仓库来说，打包需要的人员最多，时间最长。所以，提前打包好部分订单，在很大程度上能缓解大促期间的压力。

对于单品爆款，要根据预热和加购情况，结合销售预测，提前打包；不过无法贴面单，因为没有消费者的订单信息。

对于预售订单，要根据实际预售情况，提前打包。同时，可以贴好面单，因为预售已有消费者下单信息了。

提前打包还存在一个问题，就是相对商品本身来说，打包后体积变大，需要更多的仓容存放。在仓容计算上，有一个专有名词，叫作“预包膨胀系数”。预包膨胀系数因品类而异，美妆类商品如口红，贵且小的精华液、眼霜等可能不止 10 倍，但家居类大件商品如电饭煲不到 2 倍，基本使用原包装的商品如尿不湿、只用袋子而不需要纸箱包装的商品如服饰类，膨胀系数基本都是 1。

有两个方法可以避免打包后仓容不足的问题。一是在大促仓容规划和测算时就考虑预包膨胀系数。根据历史经验，考虑各个品类需要预包的比例。二是爆款和预售商品提前调拨至前置仓。

三、爆款和预售商品提前调拨至前置仓

将爆款和预售商品调拨至前置仓，有两种方式：一是只对商品本身调拨，二是打包后再调拨。

（1）商品调拨至前置仓，也就是爆品下沉，也叫“一品多仓”。根据区域销售占比，把全国与区域级别的 CDC 和 RDC 商品分拨到省、市、县级别 FDC。这需要算法的加持，以便精准地计算每个区县的消费占比，并预测订单数量。

（2）打包后再调拨，比较适用于预售商品，因为有明确的订单数量。特别是品牌商品和贵品，可接入顺丰特快，先在品牌自有仓库打包，打包后提前发到买家所在城市的顺丰仓库，付尾款后即发货。

爆品下沉是从一线城市的仓下沉到二、三线甚至四、五线城市。预售订单打包调拨既有下沉，也有从一线到一线。预售下沉或平移，有两个好处：一是让品牌和快递各自发挥比较优势，效率更高，品牌一般需要礼盒，包装比较复杂，而顺丰专注尾程特快发货；二是节约成本，品牌集中包装，所有包材和耗材集中送达一个仓库，工人集中包装，不需要在其他一线城市租用场地和工人。

四、品类分仓，履约分层

品类分仓主要有 3 种。

（1）按交易属性分仓：直播仓和非直播仓。

（2）按物流属性分仓：冷链仓、大件仓、中小件仓等。

（3）按商品属性分仓：美妆仓、宠粮仓、时尚贵品仓等。

虽然说仓库的操作流程相同，但是不同品类可能有不同的 S&OP 操作、不同的包装要求。比如，酒水要加气柱，化妆品要用礼盒，部分食品要加冰袋，沐浴露、洗发水等商品要加固鸭嘴泵……如果仓库的商品属性跨度过大，则必然影响拣货和打包效率。同一个班次、每个流程上操作的工人

一般是同一批人。举一个极端的例子，如果让工人刚拣完和包装好一张椅子，又让他们去分拣和打包沐浴露，那么必然影响效率。

品类分仓可以做到专仓专发，S&OP 操作和打包要求基本一致，可提升库内作业效率。对于时效要求高的商品，如宠粮（人可以等但是宠物不能等）、食品等，可以安排更多人工和资源，设置更快的发货时效 KPI，大促时效不降级。不同品类仓可接入不同的快递，如冷链仓和贵品仓接入顺丰特快，打造“极致履约力”。

第七章　电商数字供应链

无论是电商还是传统行业，都需要数字化转型。笔者从事电商供应链管理6年多，每年都要负责几个数字系统建设项目，既有三四百人跨多个部门的大系统建设项目，也有几十个人的小型数字化项目。现就基于这些实践经验和思考，希望能给致力于数字化转型的供应链管理者，提供一些参考。

第一节　电商数字供应链的架构

一、电商数字供应链

“供应链转型”“供应链中台”“供应链控制塔”“智慧供应链”等，这些都是数字供应链的一部分。

关于数字供应链，IBM 定义为：通过构建智慧供应链，实时深度洞察和行动，将中断转变为业务增长和获利的商机。

数字化有 3 个层次：可视、分析、应用（解决方案）。

笔者对电商数字供应链的定义是通过日常运营的点滴沉淀，通过系统对基础数据进行精确维护，把点状的基础数据连接成线、面、体，形成内外部各合作方之间的可视化供应链网络。基于基础网络信息，通过供应链计划运营和物流运营对选品、销售、进货、存货进行系统化可视化分析，深挖和解剖问题。最后，形成生意中心的解决方案，并应用到各个行业，进而驱动业务增长，实现供应链全链路的降本、增效、提质目标。

亚当·斯密说，商业是逐利的，同时商业也是最大的慈善。在业务发展的同时，通过内外部、商业生态网络的数字供应链共享，实现全社会资源的最大化利用。

提取电商数字供应链关键字如图 7-1 所示。

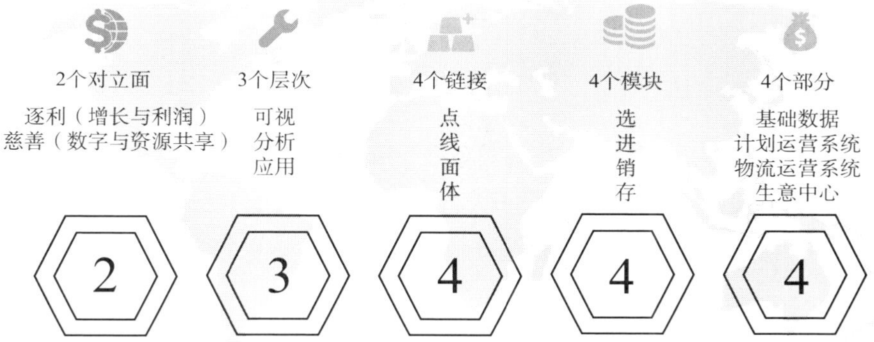

图 7-1 电商数字供应链关键字

- 2 个对立面：逐利与慈善（商业数字共享、社会资源的最大化利用）。
- 3 个层次：可视、分析、应用。
- 4 个链接：点、线、面、体。
- 4 个模块：选、进、销、存。
- 4 个部分：基础数据、计划运营系统、物流运营系统、生意中心。

二、六大模块的数字供应链建设

电商供应链六大模块分别做什么及形成的数字沉淀具体如下。

生意计划：生意方案与定价系统、需求预测系统、盘货协同系统、智能补货系统、库存健康系统、分销系统。

物流计划：预约入仓、入仓全链路可视和追踪（跟货）、仓容监控系统、单量预测算法和系统。

物流仓储：货品中心、仓容计算和监控最优模型（参数的标准化和定制化）、效期管理系统、组合货品、预包模型、自动化扫描。

物流运输与配送：国际运输实物流与物流可视化和预警、国际运输线路和成本测算系统、系统截单设置、仓配交接自动化、系统线路与时效配置模拟和自动化、页面承诺/预计时效表达系统化。

物流关检务：商、货品准入线上化，商、货品备案系统沉淀，HS Code 预归类，赠品报备线上化。

行业供应链解决方案：全链路成本测算系统、库存共享、逆向物流等。

三、“选、进、销、存”的电商数字供应链架构

供应链不是孤岛，各个部门和模块是相互连接的，数字建设也是相互交叉的。如图 7-2 所示，按供应链的“进、销、存+选”来说明数字供应链的架构更加合适。

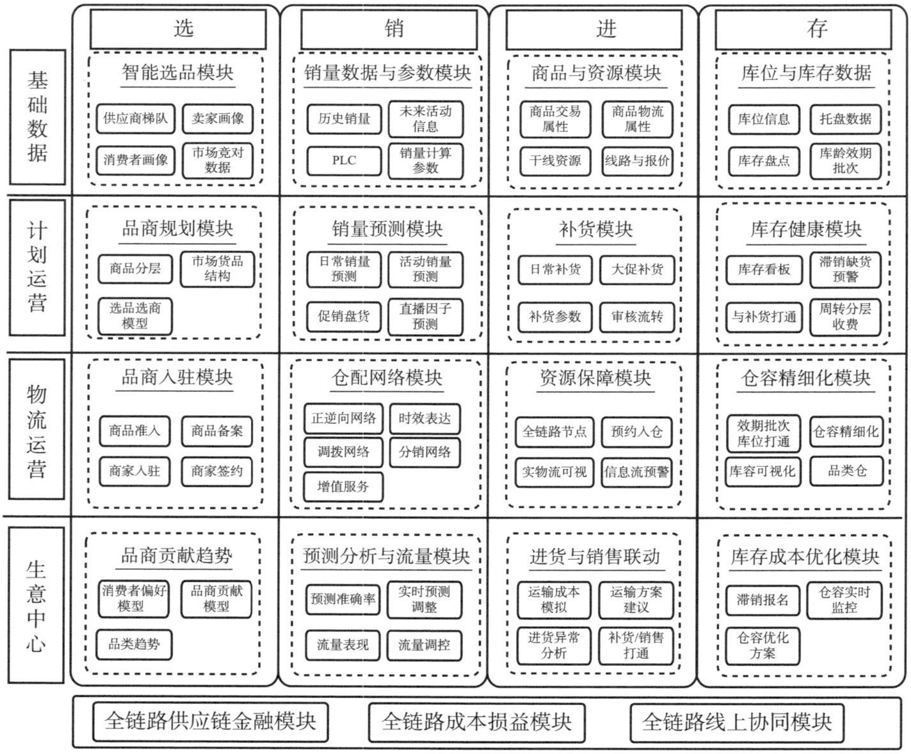

图 7-2 选、进、销、存逻辑的电商数字供应链架构

将选、进、销、存四大模块再细分为 4 部分：基础数据（很多基础数据是共享的）、计划运营（生意计划、物流计划）、物流运营（仓储规划和

运营、国际运输、末端配送、物流关检务）、生意中心。其中，行业解决方案不再单独列出，融合在计划运营、物流运营与生意中心中阐述。

（一）选即选品和采购

选品不是电商供应链的核心，更多为行业、市场和自营采购。不过在电商，特别是跨境出口电商的海外仓，供应链通常要协同做一些选品的运营和系统建设。作为整体数字供应链框架的一部分，选品的数字供应链模块如图 7-3 所示。

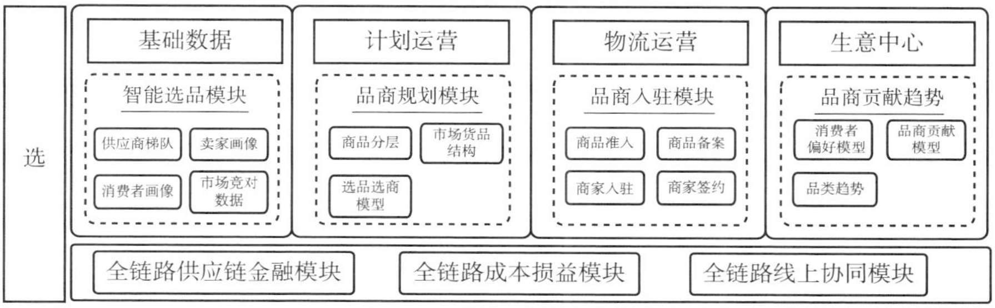

图 7-3　电商数字供应链选品环节架构

1. 基础数据

- 供应商梯队：品类供应商的强弱项、供货历史。
- 商家画像：品牌、代运营、杂货店、专营店、旗舰店。
- 消费者画像：消费区域的区别，不同区域消费者在商品喜好上是否有区分。比如，宠物经济在发达地区远高于其他地区。
- 市场竞对数据：市场和竞争对手的热销品、新品等。

2. 计划运营

- 商品分层：超爆品、浅爆品、腰部品、长尾品，按金额和按销售件数分层。
- 市场货品结构：竞争对手和市场的热销品。
- 选品选商模型：根据成本、市场、商品转入等选品，选商家（卖家）的模型。

3. 物流运营

- 商品准入和备案：HS Code 预归类、商品备案和审核。
- 商家入驻：进出口代理，物流签约入驻模块。

4. 生意中心

- 消费者偏好模型：分区域、性别、年龄分析消费者的消费偏好。
- 品商贡献模型：新品销售贡献趋势分析。

（二）销即卖货，从订单产生到买家收货

进、销、存三者应以销售为先，因为销售是需求端，有需求才有进货和存货，电商数字供应链销环节架构如图 7-4 所示。

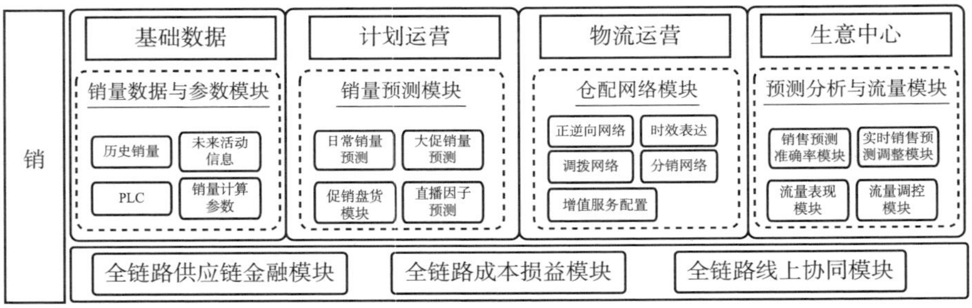

图 7-4　电商数字供应链销环节架构

1. 基础数据

- 历史销量：历史上的销售数据。
- 未来活动信息：促销、直播等信息。
- PLC（Product Life Cycle，产品生命周期）：新旧商品的淘汰替换信息。
- 销量计算参数：客单价、件单价、笔单价、件单比。

2. 计划运营

- 日常销量预测：GMV、单量。
- 大促销量预测：GMV、单量。
- 促销盘货模块：供应商、品类、商品、特殊品等。
- 直播因子预测：各种直播品类、达人的预测。

3. 物流运营

- 正逆向网络：正向仓配路由、逆向仓配路由、仓库与配送网络的接入。
- 时效表达：对正向、逆向时效预计或者承诺。
- 调拨网络：B2B 调拨线路与 B2C 销量的区分。
- 分销网络：采销关系，分销与调拨、B2C 销量的区分。
- 增值服务配置：操作费、仓储费、增值服务报价配置等。

4. 生意中心

- 销售预测准确率模块：GMV、单量预测准确率、计算参数准确率分析。
- 实时销售预测调整模块：根据实时成交调整销量预测，特别是促销期间。
- 流量表现模块：PV/UV、转化等。
- 流量调控模块：根据实时销售预测进行流量调控。缺货 SKU 要减少流量，存在滞销风险的 SKU 要引入流量。

（三）进，即进多少货合适，如何让货进来

不管是国内电商还是国际电商，进环节重点要看 3 个方面：进多少件货合适（库存和销售平衡考虑），怎么把货运进来（运输方式），货进不来的风险预警。电商数字供应链进货环节如图 7-5 所示。

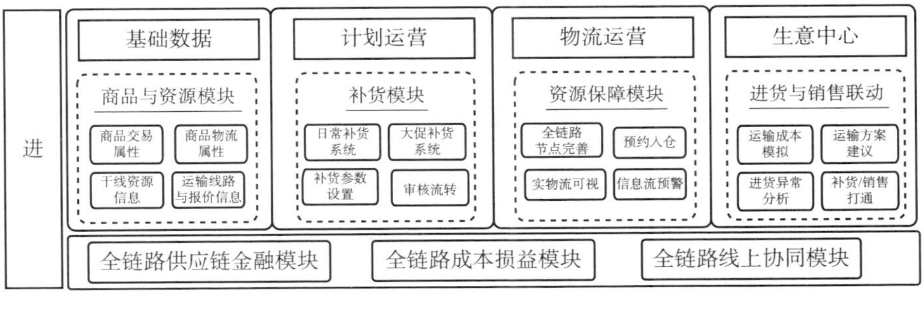

图 7-5　电商数字供应链架构之进环节

1. 基础数据

- 商品交易属性：是否为品牌、行业属性如何（消费电子、家居、日

用品、美妆日化等）。

- 商品物流属性：商品物流要素包括含包装与不含包装的单品重量，长、宽、高；最小订购量（Minimum Order Quantity，MOQ）、最小包装量（Minimum Package Quantity，MPQ）；是否为液体粉末等危险品；是否带电；是否为棉、麻、木。关务信息也要归类到物流属性中，包括 HS Code、税率、禁限运等。
- 干线资源信息：运输资源，空运、海运仓位，运单（清单、发票、提单等）信息。
- 运输线路与报价信息：各起运地与到达地的选择、报价信息。

2. 计划运营

- 日常补货系统：补货参数、补货建议、审核阈值、自营采购建议、缺货预警。
- 大促补货系统：大促参数调整、大促目标调整、预售、负卖。
- 补货参数设置：补货频率、采购时间、运输时间、安全库存。
- 审核流转：自动审核与人工审核的阈值设定。

3. 物流运营

- 预约入仓：创建入仓单、预约系统。
- 全链路节点完善：发货、提货、清关、起运、到达、理货、上架。
- 实物流可视、信息流预警：对比每个物流节点的预计到达与实际到达时间，晚于预计时间到达的预警。预警与“销”模块的联动，包括销量预测、预售功能等。

4. 生意中心

- 运输成本模拟：根据线路、报价、运输方式模拟货物的运输成本，进行运输损益和趋势分析。
- 运输方案建议：根据商品基础数据、时效、成本要求，提供国际/国内最优运输方案。
- 进货异常分析：补货建议准确率、运输延迟的生意损失等分析。
- 补货/销售打通：根据运输预警、缺货预警调整对应商品的活动和流量，同时与补货计划和销量计划联动。

（四）存，即货进来前后的仓储规划和运营、库存管理

货物进来前，要做存储计划，即准备多少仓容、多少人力；货物进来后，要保证库存健康度。电商数字供应链模块之存环节如图 7-6 所示。

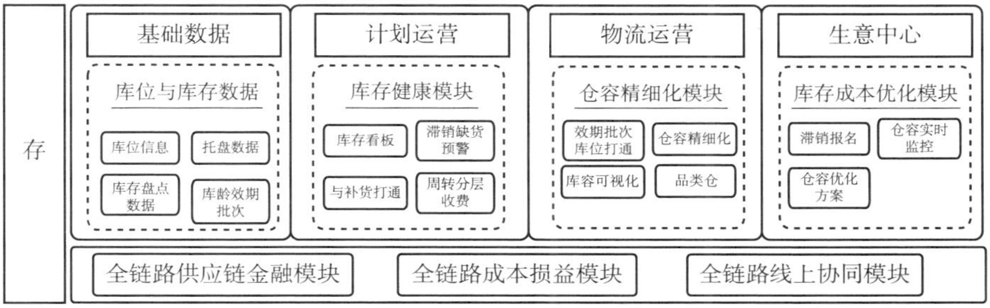

图 7-6 电商数字供应链模块之存环节

1. 基础数据

- 库位信息：仓库面积、托盘数据（托盘规格、托盘利用率、托盘填充率）、面积转化率、高低货架信息。
- 库存盘点数据：库存盘点准确率、效期批次信息维护。
- 库龄数据：SKU 维度的库龄数据维护、FIFO。

2. 计划运营

- 库存看板：周转、缺货、滞销、动销；大盘、分品类、分行业等。
- 与补货打通、滞销缺货预警。
- 周转分层收费。

3. 物流运营

- 效期批次库位打通：批次、效期与库位的打通。
- 库容可视化：现场实时监控，精确到库位。
- 仓容精细化：通过监控托盘填充率与面积转化率，最大限度提升仓容利用率。
- 品类仓：设置不同品类的精细仓，如贵品仓、恒温仓（冷链仓）、直播仓等。

4. 生意中心

- 滞销报名：滞销商品一键促销报名。
- 仓容实时监控：分析品类托盘利用率、面积转化率对比。
- 仓容优化方案：利用率低时的进货数量建议、退仓面积建议。

第二节　数字化，就要上系统吗

在互联网企业，根据业务发展需要提出系统需求的叫作“业务方”，负责系统设计的是产品经理，负责代码并将系统框架和细节搭建落地的是技术。

王尔德说，被人称作身体影子的，并非身体的影子，而是灵魂的身体。这句话精准诠释了业务人员、产品经理、技术人员三者的关系。

数字化是需要的，系统也是要做的。但是否立刻就要上系统，以什么方式上，都需要提前想清楚。

一、数字化系统建设的 3 种类型

数字化系统建设有 3 种类型，具体如下。

（1）核心能力建设。

（2）基础能力建设。

（3）优化或迭代建设。

二、业务人员要想清楚的事

业务人员一定要把事情想清楚了，否则会浪费大把资源。

不能只盯着竞争对手，有的业务人员经常搞错了主次。知己知彼，首先是知己。不能整天只盯着竞争对手，看别人有什么就要什么，或者别人没有就不搞了，而要想清楚自身的优势（特别是核心竞争力）和劣势，要认真思考以下问题。

有业务价值吗？如果有，是短期的，还是中长期的？业务可持续吗？有时候系统上线了，业务却没了。

能解决什么问题？系统上线了是否能代替线下运营？现在的问题是业务流程问题、系统设计遗留问题还是人的问题？是刚出现的还是一直存在的……既要又要还要，这也做那也做，结果如何呢？

是否非做不可？是增加预算还是增加人工解决？是否线下已经验证了可行性，上系统能否解决人疲马困的问题？

是否考虑了业务的关联性？供应链项目如何和行业项目结合，赢得更多的生意？供应链的实物流和信息流如何与商业流及资金流结合，做到既有生意又有效率呢？

优秀的业务人员，在上系统之前，一定要对自己发起灵魂三问。

三、产品经理要想清楚的事

产品经理是系统的灵魂，优秀的产品经理可赋予系统灵魂。

产品经理需要有完整的系统框架，能基于整个产品框架考虑。产品设计方案可以灵活适配，不同业务线的相似需求可以重复使用。

最优秀的产品经理，不是智商最高的，不是逻辑最好的，也不是最能说的，而是最了解业务流程、最理解客户需求的。产品经理既要有大框架，也不能小瞧小需求。

理解客户需求不是拜访几个客户那么简单，也不是思考几个客户的问题就完事（因为客户的问题具有时效），而应真正熟悉业务。

四、技术人员要想清楚的事

技术人员是系统的影子，技术人员写的每一行代码都会产生投影。一个好的技术代码应该是工本画，然而实际常常是写意画。写意画固然也很美，然而有那么点似是而非。

最高级的技术代码，不只看产品经理的产品需求文档（Product Requirement Document，PRD），而要“临摹+写生”。技术代码可以灵活变动，当技术人员对业务理解较透彻时，其编写的技术代码一开始就是灵活变动可扩展的；当技术人员对业务理解不够透彻时，也可在过程中不断重构使之灵活变动可扩展。但当技术人员对业务不理解时，其编写的技术代码可能就是各种补丁。

技术人员是否真正理解业务需求，能否交付业务想要的东西，关键要看技术人员是否深入了解业务需求和客户痛点，以及是否熟悉系统。

第三节 不会编写代码如何搞数据

虽然数字供应链不等于数据，但数据是数字化的基础。

我们常说，最后期限（Deadline）是第一生产力。数据，也是第一生产力。基于数据陈述事实、深挖原因，寻找解决方案，是我们必须学会的事情。不做数据调研，没有数据支撑，或者数据之间逻辑不自洽，业务自然如掷骰子一般不确定。

一、3 层数据模块

第一层，数据可视。结果有好有坏，无法判断对错，用数据呈现事实。

第二层，数据分析。先由总到分，再由分到总，分析原因；深挖数据，将数据点连接成线，到面，再到体（内外部业务），揭示相关性，基于数据判断对错。

第三层，数据应用。数据应用即提供数据解决方案，让好的方面更好，改进不好的方面，辅助业务决策。数据基础工作要扎实，大到企业或者 BU，小到一个商品的价格、库存等。

数据可视方面，个人可借助部分工具（如 Excel）；数据分析，个人也可以做，只是没办法做数据深挖；数据应用，个人必须借助 BI 和系统。

二、数据分析意识

一个不会编写代码的人，面对海量数据，如何基于数据做数据可视和分析？可从 3 个方面着手：二进制思维、建立数据模板、对数据结果负责。

（一）二进制思维

在二进制计数体系中，只有两个符号——0、1，对应的语言为假、真，是非此即彼的关系。简单说，二进制就是用 0 和 1 来替代人类语言中的是与不是。

二进制分 32 位/64 位。当不止一个 1（可以把这个 1，理解成要归类的场景）怎么办？学会用 If（假设）进行逻辑判断，在二进制中有多少个 1，就要用多少次 If。考虑好有多少种要归类，用 If 嵌套计算。

逻辑判断经常不是单一条件的，需要与和/或（and/or）进行组合判断。考虑好有多少个场景，哪些场景需要与 and 或者 or 组合。

Excel 也是强大的数据分析工具，在进行临时性数据分析时，比系统还好用。

（二）建立数据模板

对于需要定期使用的数据，底表数据杂乱，怎么办？可用数据模板，设计好运算公式和格式，更新替换掉源数据，数据分析结果就会自动刷新。

做数据模板之前，要提前设计好框架，考虑所有需要的数据。

对需要的数据进行归类，使用通用模板收集所有数据。有时候，数据底表五花八门、品种繁多，为此，要多做几个模板。

（三）对数据结果负责

对数据结果负责，这和一个经验丰富的猎手打猎一样，有时候需要直觉，类似的正确好过精确的错误。

数据分析和数据应用千人千面，每个角度有每个角度的理解和看法。但是确保数据可视层的准确性，是数据呈现的第一原则。

如何校验数据的准确性？特别是有数据产品上线时，数据的呈现往往非常庞杂。所谓数据产品，就是把线下数据移至线上，融合“数据”和“系统”。数据产品难在第 1 版甚至第 N 版出来的数据都是不准确的，需要反复校验和修改，才能精确地把线下数据移至线上。

（1）横着比和竖着比。“横着比”就是和同类数据进行对比，“竖着比”就是对比历史数据。通过对比同类和历史数据，审查数据的合理性。

（2）聚合和拆解。聚合和拆解是制定供应链供需计划（Demand

Supply Planning）的两个方法。聚合是汇聚成最大的数据，拆解是把最大的数据分解为各行业的数。如果数据匹配，就基本没有问题；如果大数匹配不上，那么数据肯定有问题。不管大数是否匹配，都需要拆解到最小单元（可能是 SKU）进行核对。如果最小单元有差错，则通过抽样分析，对错误进行归类，再一一修复。

第四节　电商供应链的补货系统

对于备货商品，特别是跨境备货（出口要备货到海外仓，进口要备货到中国保税仓），补货计划不是一个新事物。在传统行业，一般有一套系统补货逻辑或者补货系统，没有系统的线下要计算。

为什么要做补货计划，什么是补货计划？以终为始，为了生意更好、更健康。如何才能以更低的成本做更大的生意呢？爆款不断货，长尾不滞销。因此，“补货”就是指哪些 SKU 要补货、什么时候补货、补多少件，而“计划”是提前做好准备。

一条完整的补货计划链路，首先，需要考虑几个关键参数——补货参数、变量参数、计算参数；其次，要看如何做补货。在系统设计上，结合销量预测，进行补货计算。

一、4 个补货参数

4 个补货参数，反映的是货主、店铺或 SKU 的计划运营行为、采购行为或者能力、物流周期。补货参数设置是为了接下来的精确计算，需要结合历史表现人为调整维护到店铺维度、店铺下面的类目维度，甚至是个别 SKU 维度。

（1）补货频率。补货频率指多少天进行一次补货。补货要提前计划好。当然，计划赶不上变化，超卖临时加急补货也是有的。但是断货每天、经常、月月都发生，就很不正常了。

（2）采购天数。采购天数指采购成品或者物料的时间。如果是对外采购，就是从下采购单开始至货物到达的天数；如果有工厂，就是给生产线下成品出货单至产品生产好的天数。商品类别、企业性质、买手或者采购能力都会影响采购时间。有的非标品或者特殊品采购天数可能长达两三个月甚至大半年，而供应链上下游产业带集中的标品采购天数只需要几天。

（3）门到门物流天数。门到门物流天数指成品或者材料生产好后，从发货人发货到收货人签收的天数。以出口海外仓为例，门到门物流天数，是指卖家从工厂出货至货到海外仓收货并理货上架，直至货在系统变成可售库存。国内备货的话，物流时间是可控的。

（4）安全库存天数。安全库存天数指为了应付可能的变化而额外准备库存的销售天数，如预防采购时间变化、物流不稳定等。国内备货一般建议 1 周左右，海外备货 2~4 周，遇到大促季时可以适当多备货。

二、3 个变量参数

变量参数是可以随时变化，不需要计算或者转换，一般可以直接取值的参数，主要指库存和历史销量。

（1）库存。库存包括可售库存和在途库存。

①可售库存。良品且没有被订单占用的库存＝总库存－残次库存－订单占用库存。可售库存比较清晰好理解。

②在途库存。在途库存是指 B2B 已经发货但是还未入库上架可售的那部分货。对于平台来说，一般通过入库单的状态判断是否在途。在途库存是销量预测外的第二个“最不确定”变量，特别是平台：一是总是存在很多无效数据（错误数据没有删除等）；二是在途库存的到达时间未知或者有多少数量可以在指定时间内到达未知，尤其是大促期间。

（2）历史销量。历史销量只是一个中间变量，是预测未来销量的一个参考值。不管是电商平台大促，还是直播，历史销量因素都要考虑。

三、2 个计算参数

计算参数是经过复杂转换或者计算才能得出的参数。

（1）未来销量预测。销量预测一般按天或周来计算，按月维度太宽。

简单的人工算法是参考历史销量，看未来哪些天增加、哪些天平缓、哪些天减少，采用倍数法。人工计算无法精确到每个 SKU，只能做头部商品。如果采用系统算法，结合活动报名和流量计算，基本可以精确每个 SKU 了。

（2）DOI。DOI 有两种：一是可售库存的 DOI，即可售库存可以维持的销售天数，用来判断新的一批货到达之前是否会缺货。二是目前所有库存（可售+在途）的 DOI，用以判断什么时候补货、补多少件。

四、如何做补货计划

补货参数、变量参数、计算参数决定了补货计划的产出。维护好这些参数，就可以做补货计划了。补货计划主要有 2 个维度：时间和数量。时间和数量又反映为 3 个方面：哪一天缺货？是否补货？补多少件货？

（一）哪一天缺货

为什么会缺货？主要原因是补货不及时，或者是卖得太好，卖超了。有两个逻辑判断。

第一个逻辑判断是，可售库存的 DOI（Days of Sellable Inventory，可售库存可维持的销售天数），即 DOI-S<在途库存预计到达的日期-Today（）。如果是，则将缺货；缺货的日期=Today（）+DOI-S。

第二逻辑判断是，所有库存（可售库存+在途库存）的 DOI（Days of Current Inventory，可售库存加在途库存可维持的销售天数），即 DOI-C<采购天数+门到门物流天数。如果是，则将缺货；缺货的日期=Today（）+DOI-C。

第一个逻辑是精确判断，但是在很多情况下，国际物流可视化做得不够，库存预计到达日期无法获取或者不准确，导致判断不准确。第二个逻辑是不够精确的判断，因为在途库存如果第二天就到了，那么就不会缺货；如果一两个月后才到，那么在这期间极大可能缺货。

（二）是否补货

等到缺货了或者即将缺货了，再补货已晚，所以要提前补货。

当可售库存+在途库存-销量预测×（采购时间+门到门物流时间+安全

库存时间）≤0 时，则需要补货。如果每天都计算，并及时补货的话，理论上不会出现小于零的情况。但是理论不等于实操，经常有来不及补货或者卖超的情况。

（三）补多少件货

日常补货有两种情况，大促也有不同的补货方式。

（1）如果补货很及时，则补货公式为：

建议补货件数＝销量预测×（补货频率＋采购时间＋门到门物流时间＋安全库存时间）－可售库存－在途库存

（2）现实中难以确保及时补货，难免出现断货情况。如果采用上面的公式，就会多补货（多补的部分是断货期间销量减少部分）。因此，补货公式为建议补货件数＝销量预测×（补货频率＋安全库存天数）－MAX｛［在仓可销库存＋在途库存－销量预测×（采购天数＋门到门物流天数）］，0｝。解释如下。

- 销量预测×（补货频率＋安全库存天数）部分等于补货量与安全库存之和。
- MAX｛［在仓可销库存＋在途库存－销量预测×（采购天数＋门到门物流天数）］，0｝：表示补货到达时，预计剩余的库存件数，之前剩余的库存不能为负数，所以最小值是零。

（3）以上两种适合于日常的补货，而大促涉及仓时间、大促补货场景等，补货公式为：

大促期间建议补货件数＝销量预测×大促期限－可售库存－在途库存

第五节　盘货表和补货表

盘货表和补货表是电商卖家特别有用的备货助手，以下具体阐述盘货表和补货表的适用性和结构性，以及具体操作。

一、精准备货、降低库存成本

近年来，直播带货方兴未艾，卖家一年总有几次大规模的促销活动。

特别是对于跨境进出口电商来说，备货时间久、物流链路长，同时要求精准备货以减少缺货情况发生、避免滞销，降低库存成本。

以跨境电商出口海外仓备货为例，可以使用 Excel，做出准确的活动“盘货表”和“补货表”。

二、盘货表和补货表的适用性

盘货表和补货表特别适用于中小店铺。如果 SKU 少，则不需要系统，人工记录即能实现；如果 SKU 多，店铺规模大，则结合 ERP 系统就能实现。

盘货表和补货表既适用于活动期，也可以用于直播盘货。稍做调整，对于日常的盘货和补货也很适用。

三、盘货表、补货表的结构信息、参数结构与计算

这里虽然以出口海外仓备货为例，但是对于直邮、进口或者其他备货模式，盘货表、补货表的逻辑与结构同样适用。盘货表、补货表的四大块结构，不仅可以用于盘货和补货，其他场景也可以参考；不仅对做 Excel 表格有用，系统设计也可以参考。

（1）基础信息：包括店铺、SKU、仓等相关信息。输入方式为导入或者手动输入。

（2）参数参考：主要指历史时段数据。输入方式为导入/手动输入和 Excel 公式。

（3）参数调整：参考历史数据，并根据活动实际预估。输入方式为手动调整。

（4）结果计算：需要的数据包括销售金额预计（金额、单价、订单、件数）和补货预计（是否补货、日销补货件数、活动补货件数、峰值库存件数、需要的货架个数和仓容面积等）。输入方式为 Excel 公式。

结构性数据的好处是处理高效。对于需要导入或者手动输入的数据，可做一个源数据表，连接到盘货表和补货表（如有部分源数据是系统导出的，直接使用源数据即可，再用“=”连接）。每次只需要更新源数据，手动调整少量数据，即可自动计算。

四、盘货表和补货表的具体操作

（一）盘货表

（1）基础信息：包括店铺信息、SKU 信息、是否为重点 SKU、是否为重点类目、是否为新品等。

（2）参数参考：用于计算参数的历史数据，包括 GMV、渗透率、件单价、笔单价、件单比、件数、单量。

（3）参数调整：用于结果计算参数，根据历史数据和实际情况调整，包括 GMV、渗透率、单价的折扣。

（4）计算结果：对活动产出结果的预估，包括 GMV、单价、发货件数、发货单量。

盘货表的基本结构如表 7-1、表 7-2 所示。

表 7-1 盘货表：基础信息、参数参考

基础信息					参数参考（某段历史数据）							
导入	导入	导入	导入	手动	导入	导入	公式	导入	导入	公式	公式	公式
店铺 ID	店铺名称	行业	仓库名字	是否重点店铺	总 GMV	仓发渗透率	仓发 GMV	仓发件单价	仓发件单比	仓发笔单价	仓发件数	仓发单量

表 7-2 盘货表：参数调整、计算结果

参数调整（活动数据预估，可根据历史数据调整）				计算结果：活动预估						
手动调整	手动调整	手动调整	手动调整	公式	公式	公式	公式	公式	公式	公式
总 GMV 倍数预计	仓发渗透率预计	仓发件单价折扣	仓发件单比预计	总 GMV	仓发 GMV	仓发件单价	仓发件单比	仓发笔单价	仓发件数	仓发单量

（二）补货表

盘货完成后，接下来就要补货了。补货表具体内容如下。

（1）基础信息：与盘货表一致，可用公式连接盘货表的信息。

（2）库存信息和补货参数：库存信息和补货参数非常重要，是计算补货最重要的2类参数。其中，补货参数包括补货频率、采购天数、物流天数、安全库存天数。

（3）参数参考：与盘货表基本一致。

（4）参数调整：与盘货表基本一致。

（5）计算结果：包括峰值库存即活动备货件数、是否缺货、补货件数。注意，补货需要考虑3个销售数据：活动前日销量、活动后一段时间的日销量、活动期间的销售量。

补货表的基本结构如表7-3、表7-4、表7-5所示。有些电商平台推出了补货系统，卖家可以充分利用。

表7-3　补货表：基础信息、库存信息、日常补货参数

基础信息					库存信息		日常补货参数			
公式	公式	公式	公式	公式	导入	导入	手动调整	手动调整	手动调整	手动调整
店铺ID	店铺名称	行业	仓库名	是否重点店铺	可售库存件数	在途库存件数	补货频率	采购天数	物流天数	安全库存天数

表7-4　补货表：参数参考、参数调整

参数参考（历史日均销售数据）								参数调整（未来销量预测，如果不调整则默认等于历史）							
导入	导入	公式	导入	导入	公式	公式	公式	手动调整	手动调整	手动调整	手动调整	手动调整	公式	公式	公式
总GMV	仓发渗透率	仓发GMV	仓发件单价	仓发件单比	仓发笔单价	仓发件数	仓发单量	总GMV	仓发渗透率	仓发GMV	仓发件单价	仓发件单比	仓发笔单价	仓发件数	仓发单量

表 7-5 补货表：计算结果——活动备货件数、是否缺货、补货件数预计

计算结果：活动备货件数预计			计算结果：是否缺货、补货件数预计			
公式	手动	公式	公式	公式	公式	公式
活动销售件数	活动售罄率预计	活动备货件数	日销是否补货	日销+活动是否补货	日销补货件数	日销+活动补货件数

第六节 健康库存管理系统

一、健康库存数字化架构

库存在资产负债表中称作“存货”，体现为资产，库存影响现金流。如果企业的存货资产过高，远超销售数据，那么存货实际上已成为负债：存货时间长、周转慢，一定存在应付账款，却没有相应的来自客户的应收账款。一句话，库存健康，它是资产；库存不健康，就成为负债。

无论是电商还是传统行业，库存都会产生可见成本或者导致损失。具体如下。

（1）销售损失：爆品缺货，消费者无法购买，长期缺货必将影响销量；而效期不好的商品，无法销售或者销售了易招致消费者投诉。

（2）运输成本：因为断货，为了赶促销，本来可以海运方式补货的需要改空运，物流成本成倍增加。

（3）仓储成本：滞销货品长期积压，库龄越高仓储费越高。

（4）配送成本：货品分布不均易导致跨仓发货，增加末端配送成本。

那么，如何设计一个库存健康系统呢？如图 7-7 所示，以库存数据可视、分析、模拟。应用数字化为框架，结合库存健康指标，打通基础数据和其他平台的壁垒。

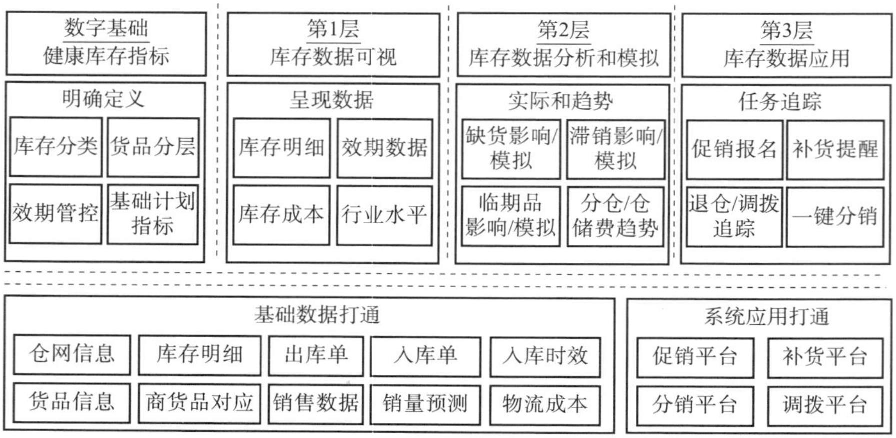

图 7-7　数字供应链：健康库存框架

健康库存指标可以图表、趋势图、雷达图、红黄绿交通灯等展示。库存计划指标展示示例如图 7-8 所示。

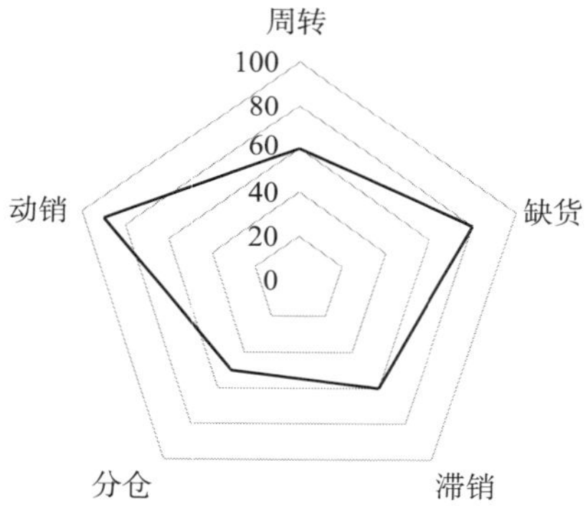

图 7-8　库存计划指标展示示例

二、打通库存系统的基础数据

（1）库存分类。库存分类包括总库存、残次品库存、良品库存、占用库存、可售库存对应件数等数据。

（2）货品分层（头部商品 50%、腰部商品 30%、尾部商品 20%、不动销商品、新品）的库存明细和销售占比，包括 SKU 个数和占比、库存件数和占比、销售金额和件数占比，看其是否符合帕累托20/80定律。

（3）效期管控。效期管控包括需要效期管控的SKU、库存件数、库存金额，是强管控还是弱管控。

（4）基础计划指标。基础计划指标包括周转、预计可售天数、缺货、滞销、动销率、跨仓比等。

（5）基础数据打通。基础数据包括进、销、存相关的仓网、出库单、入库单、销售数据、销量预测、物流成本等。

三、库存可视层的有关明细和汇总

要在SKU维度和货品分层维度，展示现有的（已经发生的）库存数据、计划指标、库内和出库的成本数据，具体如下。

（1）实时库存件数明细。实时库存明细包括良品库存、残次库存、可销库存、占用库存、在途库存、临期品、历史××天（周、月、季度）销售数据。按销售或者总库存降序排列。

（2）效期数据。效期数据包括需要效期管控商品的到期日、临期日、临期预警等，临期商品对应的库存等。

（3）库存相关成本展示。库存相关成本包括仓储费、存货成本预计、订单出库操作费，要计算这些成本占同期销售金额的比例。

（4）行业对比。行业对比主要是指成本与销售金额的比例、计划指标、货品分层比例行业对比，通过对比可看出库存是否高于/低于/持平于行业平均水平。

四、分析库存现有情况及未来趋势模拟

对现有库存成本数据、发展趋势进行结构化分析。同时，设置指标，超过指标者高亮预警。

（一）现有情况分析

（1）分析整体、头部、腰部商品结构化缺货影响。包括缺货的SKU个数、过去××天（××可以定义为月、周，大促为大促期间）缺货导致的销

售件数和金额损失、缺货的品类，缺货原因分析：是销售激增（行业内同品类销售是否也在增加，是否自然流量带来的增加，或者某些活动引起增加），还是没有及时补货？

（2）分析整体、头部、腰部商品结构化滞销影响。包括滞销的SKU个数、对应的库存件数、库存金额、仓储成本。

（3）分析临期品影响。包括因为效期管控而被强制下架的SKU个数、库存件数、对应的销售金额损失。

（4）分析跨仓影响。包括因为分仓不均匀或者不准确，导致的跨仓发货的订单个数、整体订单占比、时效增加天数，以及配送成本增额和订单销售金额占比。

（二）模拟分析和预警

模拟分析的前提是具备“进”和“销”层面的数字化基础。比如，缺货模拟需要计算在途库存的到达日期，海运、空运、陆运的补货周期；滞销和临期模拟则要计算未来预测销量且预测有较高的准确性。具体如下。

（1）缺货。包括预计××天（××可以定义为月、周，大促为大促期间）内缺货SKU个数、核心SKU个数、对应的销售件数和金额损失。缺货计算不仅要考虑在途库存到达的日期，还要考虑补货周期。

（2）滞销。预计××天内滞销SKU个数、对应的库存件数和比例。

（3）临期。包括临期××天下架的SKU个数、库存件数、对应的销售金额损失。

（4）仓储费趋势。根据“进、销、存”趋势预测接下来一段时间的仓储费。

五、在应用层面联通各数据平台

对于需要采取行动的货品，联通其他链路和平台，直连下一步。

（1）联通促销平台。对于已经或者即将滞销/临期的商品，要引导至活动促销系统，参加各种促销活动。

（2）联通补货平台。对于已经或者即将缺货的商品，要引导至补货系统进行精细补货。

（3）联通清退出库。对于折价销售也无法售出的商品，要引导出库退仓。

（4）联通分销平台。一些新品、销路好的头部商品和腰部商品，以及可售时间长的或者有分销记录的商品，一键分销。

（5）联通调拨平台。分仓不均匀或者不准确的商品，要引导至调拨系统进行分仓调拨。

第七节　物流成本管理线上化

以下基于电商卖家和电商平台角度，从 5 个方面说明如何做供应链和物流成本的线上管理。

这里所说的供应链和物流成本不包括采购、营销等成本，主要围绕供应链的“进、销、存”讲述物流成本管理如何数字化。成本管理数字化的逻辑结构和框架，不仅适用于平台电商，还适用于自营电商和电商卖家，以及传统企业。物流成本管理数字化框架如图 7-9 所示。

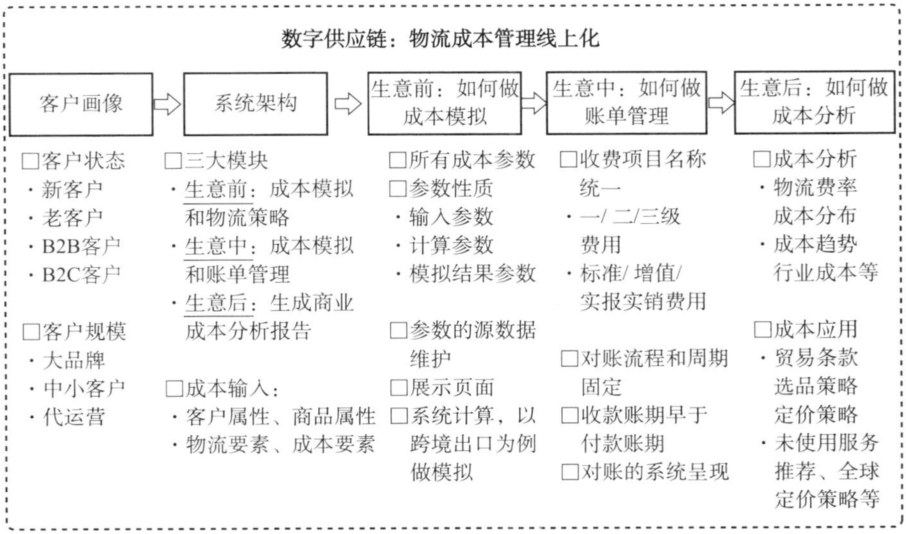

图 7-9　物流成本管理数字化框架

一、客户画像

在做成本分析和数字化管理之前，首先要给客户画像。为什么？因为不同类型的客户对于成本的关注重点不完全一样。

平台电商客户的主要业务是 B2C，有时候也是 B2B2C，还有客户同时使用平台 B2B 和 B2C 服务。客户画像可以按客户状态和客户规模细分，物流成本管理的客户画像如图 7-10 所示。

图 7-10　物流成本管理的客户画像

（一）根据客户状态进行画像

（1）新客户。新客户是指还未做但是打算做电商生意的客户，其更关注整体物流成本与单位商品的物流费率，即物流成本占售价的比例。

（2）老客户。老客户是指已经运营电商业务的客户，其更关注已发生的物流成本、账单的准确性和清晰度。

（3）B2B 客户。B2B 物流成本主要为国际运输和关联成本，这类客户在运输前就很关心每笔订单的物流成本、运输方式（空运、海运、陆运、铁路、空海联运）和贸易条款（FOB、CIF、EXW、FCA、CFR 等），这对其影响较大。

（二）根据客户规模进行画像

（1）代运营。很多品牌或者企业特别是跨境电商，在本地有代运营。代运营要定期向品牌汇报，它们更关注行业物流成本。

（2）中小客户。订单或者商品能否营利，短中期是否有利润，是中小客户更加关注的。

（3）大品牌。大品牌特别是全球定价的品牌，更关注物流成本对整体 P&L 的影响，物流成本直接影响它们的全球定价策略。

二、成本管理三大模块

物流成本管理模型的系统框架如图 7-11 所示，包括三大模块以及相应的输入。

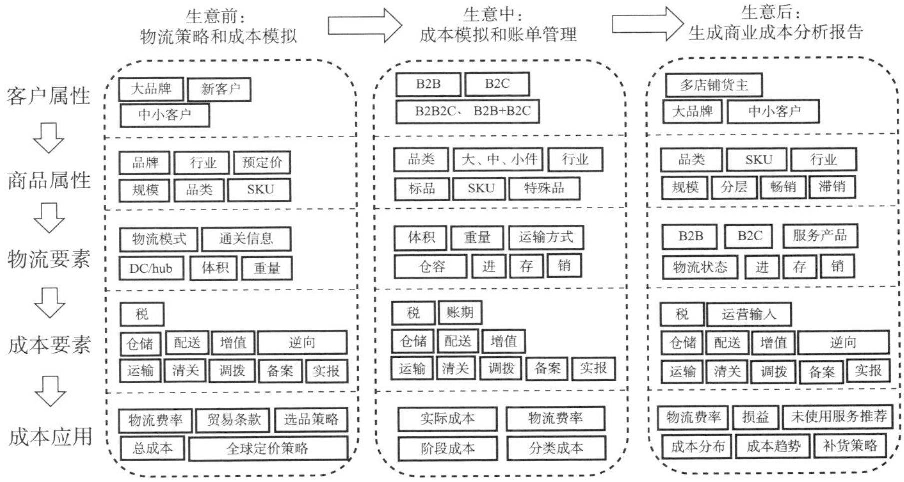

图 7-11 物流成本管理模型的系统框架

（一）成本管理系统三大模块

生意前：物流策略和成本模拟。物流策略是指要选择何种物流模式或者链路，B2C 部分是直邮还是备货到 DC/CDC/RDC；B2B 部分走哪种运输方式、适用哪些贸易条款。成本模拟主要根据商品属性、物流要素、成本要素，看各种品类、SKU 等物流成本占比。

生意中：成本模拟和账单管理。生意中依然要先进行成本模拟。比如，国际运输中每运一批货都要提前看物流成本，新品上架也要先核算成本。在生意发生后，明确的账期、清晰和标准化的账单很重要。

生意后：生成商业成本分析报告，如成本的变动和趋势、总成本、单位成本、P & L 可视化报告。同时，提出问题、分析成本是否健康。

如果成本过高，则要提出如何降本。例如，通过供应链计划运营降低爆款缺货率，改空运为海运；对于平台来说，可以推荐有竞争力的服务给客户。

（二）成本管理系统的输入

只有进行成本相关参数的输入，才会有成本分析的输出。这些输入大多数是系统沉淀的基础信息（客户信息、商品信息、物流信息等），可以在各个系统间调用，但有一些信息需要客户输入或者选择。比如，是走空运还是海运、新商品 SKU 维度的体积重量、商品定价等信息。具体内容如下。

（1）客户属性。客户属性包括客户规模（大、中、小）、新老客户、品牌客户、多店铺货主、B2B、B2C 等。

（2）商品属性。商品属性包括行业、品类、规模、SKU、预定价，是标品还是特殊品，商品 ABC 分层，是畅销还是滞销等。

（3）物流要素。物流要素包括物流模式（直邮、CDC、RDC），货品通关信息、体积、重量，运输方式、进、销、存，贸易方式、始发地、目的地，等等。

（4）成本要素。成本要素包括税收（其实不属于供应链和物流成本，但是平台电商税收为代收代缴方式，供应链和物流部门要统一考虑）、仓储费、配送费、操作费、运输费、逆向费、调拨费等。

三、生意前：如何做成本模拟

成本模拟不是一件简单的事情，成本模拟线上化的前提是线下已有一套精准的计算模板，应用成熟后再搬到线上。

线上成本模拟做得较好的是 Flexport，几年前其就针对国际运输推出了服务前的成本预估。

跨境出口电商的成本结构复杂，这里以出口电商为例，说明如何做成本模拟。

（1）列出所有影响成本的参数，也就是前面所提的“成本管理系统的输入”参数：商品属性、物流要素、成本要素等。

（2）确认参数性质。

①输入或选择参数，需要手动输入或者下拉菜单选择：类目、运输方式、贸易方式、始发地、目的地、商品体积、商品重量、后台不含税定价等。

②计算参数，通过“输入参数”作为连接载体，维护好源数据，则可依据公式计算或者系统自动计算：申报价格、商品尺寸/重量（size）分类、各种税率。

③成本模拟结果参数，包括不同物流链路下的总物流成本和物流费率。

（3）做好成本模拟展示页面。

（4）收集“计算参数”对应的信息或者价格和成本，作为源数据定期维护。同时，与成本模拟展示页面连接，进行计算。需要维护的主要源数据如下。

①与国际运输相关的运费/港杂费/清关费/提货费等；始发地、目的地不同，运输方式不同，贸易方式不同，费用都不同。

②末端配送费，不同重量/体积、不同线路对应的快递费用。

③类目对应的各种税率（直邮进口税率，海外仓进口税率、所得税率、增值税率、预提税率）。

④仓储费，市场一般按立方米/天或者平方米/月的方式收取。

⑤操作费，市场一般按照商品尺寸/重量即超大/大/中/小件收取。

⑥逆向物流相关费用，依据分品类的平均退货比例。

（5）对商品进行成本模拟时，手动输入或者选择“输入参数”中的信息，系统会自动计算。

成本管理数字化要做的是把这些数据和信息在系统中呈现。表 7-6 至表 7-9 展示了成本模拟的全过程。

①表 7-6 是需要手动输入或者通过下拉菜单选择的参数。

表 7-6　出口电商的成本模拟——输入或者选择参数

参数说明	输入或者选择参数											
	行业	类目 1	类目 2	类目 3	SKU	运输方式	贸易方式	始发地	目的地	商品包装体积	商品包装重量	商品定价（不含税）
字母表示	*A*	*B*	*C*	*D*	*E*	*F*	*G*	*H*	*I*	*J*	*K*	*L*
输入方式	下拉选择	下拉选择	下拉选择	下拉选择	手动输入	下拉选择	下拉选择	手动输入	手动输入	手动输入	手动输入	手动输入

- *A*~*E* 表示行业、类目、SKU：定义商品性质，决定各种税率，包括直邮税率，仓发的进口税、所得税、增值税、预提税。
- *F* 表示运输方式，包括空运、海运、陆运、铁路、联运。
- *G* 表示贸易方式，主要有 FOB、CIF、EXW、DDU、DDP、FCA、FAS 等。
- *H*、*I* 分别表示始发地和目的地，包括运输相关的运费、杂费、清关费等。
- *J*、*K* 分别表示商品包装体积和重量，决定了操作费、仓储费、运输费用。
- *L* 表示商品定价（不含税），包括不含税的商品价格、卖家商品定价。

②表 7-7 是计算参数，根据输入和选择参数自动计算。

表 7-7　出口电商的成本模拟——计算参数

参数说明	计算参数		计算参数：通过“输入参数”连接						
	平台佣金比例	平台佣金（非物流成本）	申报价格	商品尺寸分类	直邮进口税率	仓进口税率	仓所得税率	仓增值税率（不一定有）	仓预提税率（不一定有）
字母表示	*M*	*N*	*O*	*P*	*Q*	*R*	*S*	*T*	*U*
输入方式	公式/系统算	公式/系统算	公式/系统算	公式/系统算	公式/系统算	公式/系统算	公式/系统算	公式/系统算	公式/系统算

- *M* 表示平台佣金比例：销售佣金（非物流成本），预提税计算可能

会用到。

- N 表示平台佣金（非物流成本）：前台售价×佣金比例，即 $N=V\times M$ 或 $N=AA\times M$，预提税计算可能会用到。
- O 表示申报价格，一般是定价的 50%，即 $O=L\times 50\%$。
- P 表示商品尺寸分类，指重量和体积。
- $Q\sim U$ 表示直邮和海外仓的各种税率，通过连接类目 3 计算，其中，进口税可通过 FormE 减免部分或全部。

③表 7-8 是直邮模式的成本模拟结果，系统自动计算。

表 7-8　出口电商的成本模拟——直邮方案的计算结果

参数说明	成本模拟计算结果：直邮方案					
	前台售价	直邮国际运输费用	直邮末端配送费	直邮税费	总物流成本	总物流费率
字母表示	V	W	W'	X	Y	Z
输入方式	公式/系统算	公式/系统算	公式/系统算	公式/系统算	公式/系统算	公式/系统算

- V 表示前台售价，包括商品定价、直邮税费，即 $V=L+X$，向消费者展示售价。
- W 表示直邮国际运输费用，由重量、体积、始发地、目的地决定，直邮是 B2C 运费。
- W' 表示直邮末端配送费，由重量/体积决定，如果模拟时没有买家地址，可以取平均值。
- X 表示直邮税费，即商品定价×直邮税率。
- Y 表示总物流成本，包括直邮税费、直邮运输费用，即 $Y=W+W'+X$。
- Z 表示总物流费率，指总物流成本/前台售价，即 $Z=Y/V$。

④表 7-9 是海外仓备货模式的成本模拟，系统自动计算。

表 7-9　出口电商的成本模拟——海外仓备货方案的计算结果

参数说明	成本模拟计算结果：海外仓备货方案										
	前台售价	国际运输费	末端配送费	进口税费	所得税费	增值税费（不一定有）	预提税费（不一定有）	仓储费	操作费	总物流成本	总物流费率
字母表示	*AA*	*AB*	*AB′*	*AC*	*AD*	*AE*	*AF*	*AG*	*AH*	*AI*	*AJ*
输入方式	公式/系统算	公式/系统算	公式/系统算	公式/系统算	公式/系统算	公式/系统算	公式/系统算	公式/系统算	公式/系统算	公式/系统算	公式/系统算

- AA 表示前台售价，等于商品定价，有时需要加上增值税费。$AA=L$ 或 $AA=L\times(1+AG)$。
- AB 表示国际运输费，由重量、体积、始发地、目的地决定，包括 B2B 运输相关的提货费、运费、清关费、港杂费等。
- AB' 表示末端配送费，由重量、体积决定，因为模拟时没有买家地址，所以可以取平均值。
- AC 表示进口税费，等于（申报价格-发海外仓运输费）×进口税率，即 $AC=(O-AB)\times R$。
- AD 表示所得税费（不一定有），等于（申报价格-发海外仓运输费）×（1+进口税率）×所得税率，即 $AD=(O-AB)\times(1+R)\times S$。
- AE 表示增值税费（不一定有），等于（申报价格-发海外仓运输费）×（1+进口税率）×增值税率，即 $AE=(O-AB)\times(1+R)\times T$。
- AF 表示预提税费（不一定有），等于（申报价格-商品定价-平台佣金-运输费用-进口税-所得税-仓储费-操作费）×预提税率，零为最小值，即 $AF=MIN(O-L-N-AB-AC-AD-AG-AH)\times U,0$。
- AG 表示仓储费，由体积决定，等于体积×每平方米每天的仓储费×预计周转天数，即 $AG=J\times$仓储费定价。
- AH 表示操作费：由商品尺寸决定，计算对应的操作费，即 $AH=P\times$操作费定价。
- AI 表示总物流成本，等于运输费+各种税费+仓储费+操作费，即

$AI=AB+AB'+AC+AD+AE+AF+AG+AH$。

- AJ 表示总物流费率，等于总物流成本/前台售价，即 $AJ=AI/AA$。

四、生意中：如何做账单管理

进入常规的生意流水后，定期和清晰的账单很重要，因为账单不清晰而丢掉客户的情况时常发生。特别是客户多了，与同一个客户进行多项业务合作，同时开展 B2B 和 B2C 业务时，很容易出现账单不清晰、账期混乱的情况。

账单管理需要从收费项目、对账流程、账期 3 个方面入手。物流成本管理数字化要做的就是在系统上给予清晰地呈现。

（一）收费项目名称上下游要统一

收费项目名称要求清楚简洁，同时供应商端和客户端要统一，以便对账。当多个业务同时进行，尤其是费用项目较复杂时，账单上经常会同一个收费项目名额不一致，供应商的账单和客户的账单五花八门，无法对账。

为此，可以把收费项目分为三级。

（1）一级费用项：服务大项，如国际运输作为一级项目。

（2）二级费用项：可以再分为以下三类。

- 标准费用（只要接受了服务就一定有）；
- 增值费用（除固定费用外，客户主动要求的增值服务产生的费用）；
- 实报实销费用（不在报价范围内，由第三方收取的费用；不一定发生，发生了一定要有凭证）。

（3）三级费用项：对二级费用再细分，如标准费用中的海运费、空运费、清关费；增值费用中的打托费、拆托费、贴标费、贴箱唛费；实报实销费用中的查验费、码头称重费；等等。

以国际运输举例，表 7-10 展示了如何确定一个标准的收费项目名称（没有列示所有国际运输费，仅包括部分费用）。

表 7-10 收费项目分级和标准化——以国际运输为例

一级费用项	二级费用项	三级费用明细（EN）	三级费用明细（CN）	计价单位
国际运输	标准费用	Air Freight-Slack Season Air Freight-Peak Season Ocean Freight-FCL Ocean Freight-LCL Railway Freight-FCL Railway Freight-LCL Road Freight-FTL Road Freight-LTL	空运——淡季 空运——旺季 海运——整柜 海运——散货 铁路货运——整柜 铁路货运——散货 公路货运——整柜 公路货运——散货	整柜按柜/ 计费重量/ 计费体积
国际运输	标准费用	Origin Charge	起运地单证费	按提单
国际运输	增值费用	Tally fee by piece	理货费按件	按件数
国际运输	增值费用	Labeling fee	贴标费	按件数
国际运输	实报实销	Customs inspection fee	起运港海关查验费	回传凭证
国际运输	实报实销	VGM-Verified Gross Mass	码头称重费	回传凭证

费用分类清楚，对各收费项目进行配置，成本管理线上化也就简单了。当供应商上传账单、卖家确认/发起异议时，只要做相应勾选就可以了。

（二）对账流程和对账周期要固定

平台电商针对客户的扣费模式有 3 种，第一种和第二种主要面向 B2C 订单，第三种主要面向 B2B 订单。

第一种，订单产生时扣费，包括订单操作费、末端配送费。这些订单每天都会发生，且可能多达每天几万单、几十万单，这部分较好处理。

第二种，按时间段扣费，如仓储费按月结算。

第三种，订单产生后一段时间扣费，包括运输相关费用，对账的时间较长。因为 B2B 订单较零散，少的可能一个月几单，多的可能几十单、几百单，同时很多实报实销的费用收费凭证需要几十天才能出来。

因为每种扣费模式都有不同的对账周期和流程，所以 3 种扣费模式下的对账流程和时间要尽量靠拢，相应的对账建议如下。

对于第一种，订单产生时扣费，先扣款后对账。如果每期对账账单与实际扣款有误，则于下一期调账。具体情况如下。

①M0（当月）5 日前出 M-1（上月）的账单。

②6—10 日，账单与实际扣款不符的，客户发起异议。

③11—15 日，平台复核确认并回复客户，确有问题的修改账单；无问题的则通过系统回复客户，也可以线下沟通。

④16—20 日，客户仍然存有异议的可以发起在线工单，平台保持调账口径但不再对账。

⑤20 日，关闭对账系统，并向客户开具形式发票。

⑥21—25 日，对于客户仍有异议的账单，客服判责并形成结论；对于确实有误的，30 日由财务人员调整金额，并将调整的金额列入 M1 账单。多扣费的返还客户，少扣费的则补扣，并进入下一个对账周期。

对于第二种，按时间段扣费，先扣款再对账，有异议于下月调账。如果订单比较有规律，建议先扣款再对账，时间节奏同第一种保持一致。

对于第三种，订单产生后一段时间扣费，先对账再收款、付款，有异议的下期调账。因为既有固定时间结算的，也有按月结算的，所以比不上第一种和第二种的结算速度。因为一些实报实销的费用凭证需要和上游合作伙伴确认，往往需要较长时间的费用确认时间，比如，国际运输相关费用确认一般要 15~45 天，供应商需在 M0 15 日之前上传所有对账明细和凭证。第一种和第二种模式同该流程区别在于：前者为先收款再对账，后者为先对账再收款。在以下 4 个时间节点也不同。

①上传账单时间：前者为 M0 1—5 日，后者为 M0 1—15 日。

②对账时间：前者为 M0 6—10 日，后者为 M0 16—20 日。

③收到客户付款时间：前者为 M0 的 5 日，后者为 M1 10 日。

④向供应商付款时间：前者为 M0 的 30 日，后者为 M2 10 日。

图 7-12 展示了第一种和第二种类型即 B2C 业务的对账流程和账期。图7-13展示了第三种类型即 B2B 业务的对账流程和账期。

（三）收款和付款账期要有时间差，不垫款

账期分客户账期和供应商账期，分别指从业务发生到客户支付款项的时间、从业务发生到向供应商支付款项的时间。

B2C 业务，实时扣费或者按周期(月)扣费账单流程：先收款再对账；客户账期0~35天，供应商账期30~60天

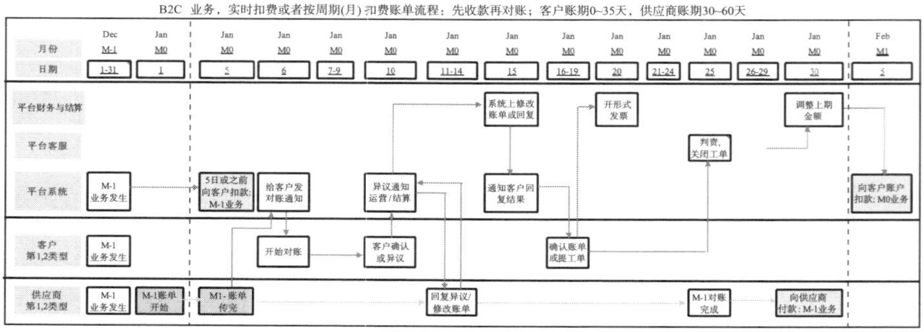

图 7-12　B2C 业务的对账流程和账期

B2B 业务，按周期或者按订单(票)账单流程：先对账再收款；客户账期40天，供应商账期70天

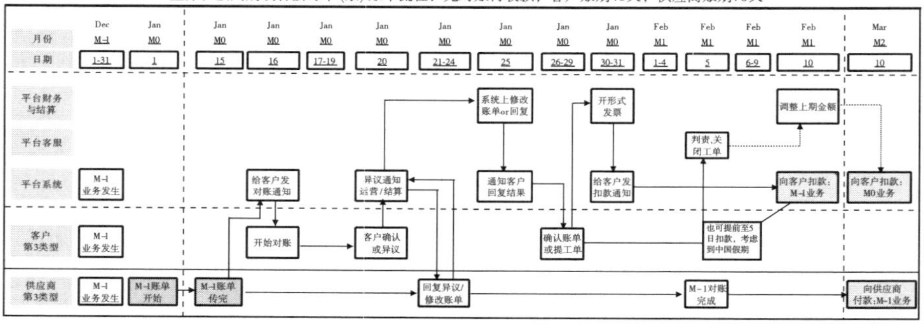

图 7-13　B2B 业务的对账流程和账期

客户付款的时间应早于向供应商付款的时间，否则会导致收支不平衡，现金流减少。

- 在第一种和第二种扣费模式下，实时或者 M0 5 日收到客户 M-1 的付款，收款周期是 0~35 天；对账完成后 M0 30 日向供应商支付 M-1 的款项，付款周期是 30~60 天。收款周期比付款周期晚 25~30 天。
- 在第三种扣费模式下，M1 10 日收到客户 M-1 的付款，收款周期是 40 天；对账完成后，M2 10 日向供应商支付 M-1 的款项，付款周期是 70 天。收款周期比付款周期晚了 30 天。

当然，付款周期也可以提前，在流程顺畅的情况下，收到客户款项即可向供应商付款。在业务初期或系统刚上线期间，就应收账款与客户可能存在争议，需要时间沟通。为确保应收账款安全，付款周期应多预留一段

时间。

（四）系统对账

为实现系统自动对账，应厘清收费项目名称，把相应信息移至线上。对于对账流程和账期，要把握时间点，按时向客户和供应商发扣款通知和付款通知（notice）。特别是要提前发扣款通知，以便让客户提前准备好资金，异常流程也在系统流转。

系统对账，应实现以下几点。

（1）费用一览：所有费用可按时间段概览。

（2）不同订单的费用详情：点击每个订单可以查看详情页。

（3）筛选项：应列明一级费用和二级费用筛选项、业务创建时间、费用事件创建时间。

（4）汇总和详情：应列明全部账单、已确认账单、未确认账单、异议账单、异议完结待确认账单。

图 7-14 模拟了系统对账的呈现方式。

物流费用对账页面

> 对账管理

一级费用项：请选择　二级费用项：请选择　订单号：请输入

业务创建时间：起始日期 - 结束日期　费用创建时间：起始日期 - 结束日期　查询

全部（100）　已确认（80）　未确认（15）　异议中（5）　异议完结待确认（0）　一键确认

	服务名称	订单号	业务创建时间	费用创建时间	事件状态	费用总计（RMB）	操作
	国际运输	×××××	2022-06-09 14:59:10	2022-07-09 10:50:10	已确认	10591.00	查看详情
	仓储费	×××××	2022-06-30 23:59:59	2022-07-05 00:00:00	异议中	60459.61	查看详情 查看工单：×××

图 7-14　系统对账模拟（Excel 表格模拟生成）

五、生意后：如何做成本分析和应用

成本分析，是指对实际产生的成本进行汇总和明细分析，以了解成本变动及趋势，可应用各种图形和表格予以呈现。成本应用，是指根据成本分析的结果提出问题、优化成本结构、降低物流成本，或者进行商品定价。

（一）成本分析

（1）物流费率。物流成本占售价的百分比，主要分析扣除物流费用，企业是否有利润。

（2）成本分布。分析哪些成本占比高。比如，小件仓储费虽低但是操作费占比较高；而大件则仓储费高。

（3）成本趋势。分析总成本的变化、物流费率的变化，进而了解变化的原因。比如，国际运输成本上升是由于市场价格上涨，还是运输方式改变，或是其他原因。

（4）行业成本。分析行业的平均物流成本，进、销、存的成本在行业间的差别。有哪些卖家低于或者高于行业平均成本，原因是什么？

（二）成本应用

（1）贸易条款。FOB、EXW、CIF、FCA 等不同贸易条款对成本影响较大。举例来说，如果需要提前较长时间订舱，在不确定性因素较多，特别是物流费用看涨的情况下，FOB 条款就对卖方有利而对买方不利。

（2）选品策略。例如，售价便宜的中大件受物流费用影响较大，从而影响备货模式，对于中小卖家来说需特别注意。

（3）定价策略。对于中小卖家来说，物流成本会直接影响定价。如果物流成本上升，售价也要提升，但同时会导致商品竞争力的下降。

（4）全球定价策略。全球定价策略适用于国际大品牌，物流成本会影响品牌的定价策略。

（5）未使用服务推荐。对于平台来说，根据成本分析，可以向客户推荐更有竞争力的服务；而对于客户来说，可了解这些服务是否可以降低物流成本。

（6）补货策略。如果空运物流成本上升，就要平衡海运与空运时间差内的库存成本，评估是否可以多备库存来减少运输成本。

物流成本分析如图 7-15 所示。

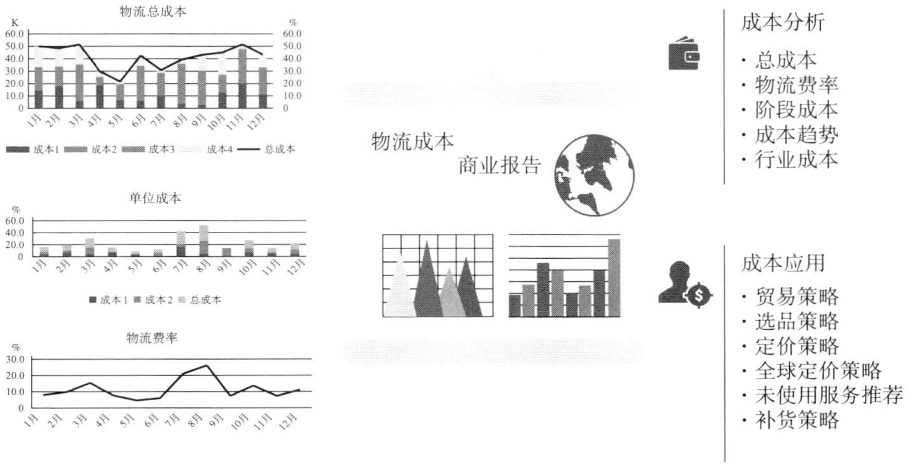

图 7-15　物流成本分析

注：所有数据使用随机数。

第八章　电商供应链的最佳匹配和实践

第一节　人人都是供应链大师

以下从 3 个方面解读新冠病毒感染疫情期间，居民买菜行为与供应链的关联性。

- 需求链：计划、预测、补货以及需要注意的点。
- 供应链：采购和供给。
- 如何应用 ROP 逻辑计算补货（买菜）。

一、买菜的供应链哲学

在需求端，无论是家庭主妇，还是企业高管，都要列采购清单、清点冰箱。

在供给端，社区团购、各大平台想尽办法；国际大牌给 VIP 客户做全球供给；邻居们友爱互助。

计划供应链的核心是“进、存、销”。让需要的货进得来；进来的存得好，既不会缺货也不产生死库存；卖出去产生社会价值。

供应链贴近每个人的生活，人人都是供应链大师。每个买菜人的行为都踩到了供应链的关键节点。买菜、卖菜或者供菜的过程，就是一套完整的需求链和供给链的管理流程。

二、需求链之计划、预测与补货

完整的供应链不是只有“供应”，而是有需求链和供给链两端。如图8-1所示，新冠病毒感染疫情期间，买菜的需求链可以归纳为计划、预测、补货。

图 8-1　疫情期间买菜的需求链

（一）计划

（1）物流清单。列出要买的菜。

（2）商品分层。哪些喜欢吃但是难买到？哪些不爱吃但容易买到？

（3）可用库存、在途库存。存货就是可用库存；已买尚未送达就是在途库存。

（4）周期盘点。每天清点清单，进行商品分层，盘点可用库存和在途库存、期初和期末结余。

（二）预测

（1）DOI，即可用库存+在途库存+新购数量-消耗量，预计可供使用的天数，也就是采购一次菜可维持几天。

（2）安全库存，正常需求之外的额外贮备。供给不稳定，为防断供，增加额外贮备。

（3）滚动需求预测。基于每天的需求做计划、做预测。

（三）补货

（1）补货频率。确认各个平台的抢购时间，每天抢购几次还是几天抢购一次？

（2）物料交期和运输时间。明确当日达、隔日达，还是几天能送达。

（3）再订货点。要设定补货物流库存剩余，这和滚动需求预测、安全库存都相关。

（4）持续补货计划。计算已购买的商品数量，根据零售商或批发商的供应信息，确定补充数量和预计配送时间。基于滚动需求预测，执行持续补货计划。

（5）协同计划、预测及补货。协同计划、预测及补货是指通过业务共同管理和信息共享改善零售商与供应商的伙伴关系，提高预测的准确率，既降低供应商库存，又增加零售商销售额的协同式供应链库存管理。针对每天的购菜活动，和家人、小区业主群、团购群共享信息，提高预测的准确率和补货（购菜）的成功率。

（四）需要注意的问题

（1）缺货，特别是爆款的缺货。你喜欢吃的可能也是其他人爱吃的，这就是容易缺货的爆款。

（2）滞销库存或者死库存、超保质期商品。在新冠病毒感染疫情趋紧情况下，滞销库存或者死库存、超保质期商品的可能性不大，主要和食品保质期有关。

（3）先进先出。这里不是说先送达的先吃，而是指临近保质期的菜品先吃。

（4）容量管理。基于冰箱的容量和房屋面积有限，要明确哪些菜品可以常温保存、哪些菜品需要鲜活保鲜、哪些菜品需要净味保鲜、哪些菜品需要冷冻。

（5）滚动需求预测，重点要考虑变动。

安全库存如何设置，是追求效率最优还是追求成本最低（Higher Efficiency or Lower Cost）？显而易见，特殊时期既不用管效率，也不用管成本了，买到菜才是最重要的。只要容量允许，安全库存可以往高点设。平常安全库存是一天的量，特殊期间 5 天、7 天也不为过，冷冻菜品十来天也可接受。

三、供给链之采购与供给

新冠病毒感染疫情期间，菜品的供给链可以概括为采购、供给两个环节，如图 8-2 所示。

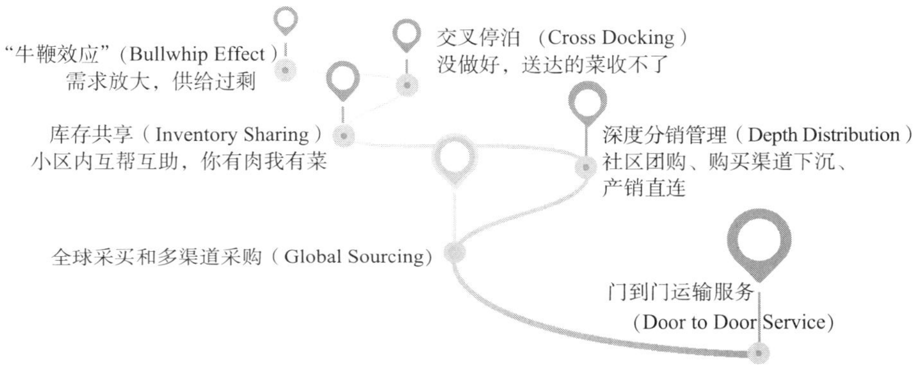

图 8-2 疫情期间菜品供给链：采购与供给

（1）门到门运输服务。门到门运输服务是指由发货人的工厂或仓库接收货物，负责将货物运达收货人的工厂或仓库交付的一种运输服务方式。在这种交付方式下，货物的交接形态是整体交接。政府、社区、志愿者给业主分发食物，送货上门。

（2）“牛鞭效应”。需求放大只是“牛鞭效应”的过程，其结果是供给的放大。需求链经过层层放大加上时间滞后，导致供给过剩。新冠病毒感染疫情期间，可能是需求端买不到菜，但是疫情结束后，供给端菜品可能都卖不出去了。

（3）提前购买。提前购买是采购方法的一种，为了获得价格优惠或防止短缺而提前购买。这是需求链行为，需求链行为是个体的行为，而供应链行为是经销商和分销商的行为。

（4）全球采买和多渠道采购。疫情期间，一些外资企业为员工供菜、各大奢侈品牌为 VIP 客户提供果蔬，就是全球采买。

（5）深度分销管理。深度分销管理原指通过增加乡镇等深级分销地区网点数量并扩大分销商品种类，为客户提供更加高效、便捷的分销渠道。在购菜过程中，社区团购群既是多渠道采购又是分销管理，菜园子和社区直连。

（6）库存共享。小区内，居民互帮互助，这也是库存共享。

（7）交叉停泊。交叉停泊是库存管理的一种方法或物流的一种运作方式，运用交叉停泊区或配送中心，将供应商送往客户的货物在途中进行再分配，使每辆货车在整个运程中保持满载；货物直接从收货区送往发货区，不做任何过程储存。满载着各种菜品的车辆从外省（自治区、直辖市）运达指定小区再分装，就是交叉停泊的一种。在交叉停泊时一定要做好交接，否则有可能会让司机白等，甚至导致货物损毁或者变质等。

四、简单的 ROP 补货模型

疫情期间，还是要回归到简单的 ROP 补货模型。如何做呢？图 8-3 体现了供应链 ROP 逻辑——买菜补货流程。

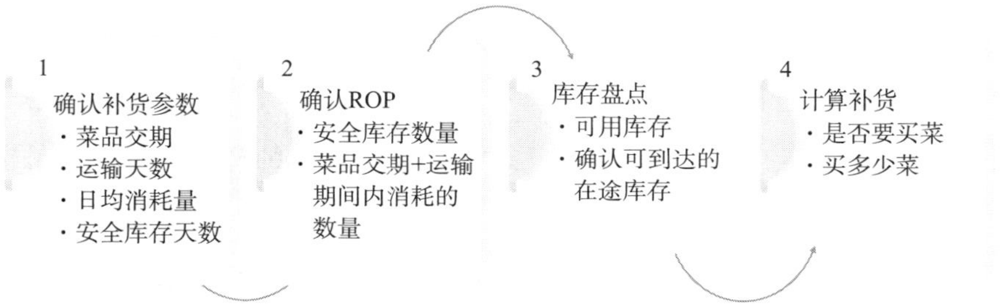

图 8-3 供应链 ROP 逻辑——买菜补货的流程

（1）确认补货参数。要确认两个时间：物资交期、运输时间。两个时间不一样，之所以放一起是因为居民在买菜补货过程中无法区分。在外地快递停运的情况下，基本只能依靠各买菜 App 和社区团购了。

预计每天平均消耗数量。依据滚动需求预测，计算平均数。在供应紧张的情况下，至少做 2 周的平均数。

确认安全库存数量。安全库存=安全库存时间×预计平均每天消耗的数量。

在供应紧张的情况下，安全库存时间可以设置为5天以上。

（2）确认ROP。

ROP=(物资交期时间+运输时间)×预计平均每天消耗数量+安全库存数量

（3）库存盘点。库存盘点要包括可用库存和可以送达的在途库存。

（4）计算补货。当可用库存+在途可到库存≤ROP时，开始补货。

（5）理论上，建议补货件数=预计平均每天消耗数量×(补货频率+物资交期+运输时间+安全库存时间)-可用库存-在途可送达库存。在实际抢购过程中，可使用Excel，如表8-1所示。

表8-1　ROP补货（买菜）的计算

基础信息						参数确认						补货（买菜）计算		
SKU编号	品/菜名	分类	采购渠道	保质期预计/天	计量单位	今日可用库存 A	在途可送达库存 B	物资交期+运输时间 C	安全库存时间 D	未来日均消耗数量 E	补货频率天数 F	ROP再订购点 G	今日是否需要补货	今日补货数量 H
1		日用品	社区团购		千克	每日盘点数量	每日盘点数量	确认实际天数	建议5天以上	滚动预测后再平均	几天补一次则填几天	$C\times E+D\times E$	$IF(A+B)\leqslant G$，“Y”	$E\times(F+C+D)-A-B$ 或有多少买多少
2		宠物	社区送		袋									
3		蔬菜	美团		颗									
4		肉类	盒马		片									
5														
总计														

第二节 SHEIN 的柔性供应链

一、SHEIN 的商业策略

（一）关于 SHEIN

SHEIN，是一家国际 B2C 快时尚电子商务公司，其商品销往全球 150 多个国家。SHEIN 主要经营女装，同时提供男装、童装、饰品、鞋、包等时尚用品。SHEIN 成立于 2008 年，开始售卖婚纱，后改售女装。2013 年，SHEIN 获得第一轮融资后，陆续获得了 IDG、红杉、景林、老虎基金等资本投资。2017 年，SHEIN 销售额快速增长；2020 年，SHEIN 销售额达到 100 亿美元，暴增 250%；2021 年，SHEIN 销售额约 160 亿美元，增长 60%。

SHEIN 风靡欧美，打开 SHEIN 的官网，满屏都是各种风格女装和打折品。第一个跳入笔者脑海的词是“colorful”，绚丽多彩正符合欧美人的审美；第二个词是“wow”，便宜，全世界的人都喜欢便宜的东西。

2021 年，SHEIN 的 App 是全球下载量排名第二的购物 App；2022 年 5 月 3 日，SHEIN 的 App 成为美国苹果用户下载量最高的 App。

（二）SHEIN 的竞争战略

竞争战略之父迈克尔·波特提出三大基本竞争战略：成本领先、差异化和聚焦。SHEIN 的竞争战略是成本领先和聚焦的组合。

（1）成本领先。十年前，笔者记住了 ZARA 的一句话，“一流的设计和模特，二流的质量，三流的价格”。意思是，ZARA 的设计师顶级、质量一般、价格低廉。SHEIN 的价格只有 ZARA 和 H&M 的一半甚至 1/3，低于 10 美元的女装比比皆是。ZARA 的设计师全世界到处飞，而 SHEIN 的设计师多来自本地的设计学院。

（2）聚焦。长期深耕于垂直领域，并没有过早拓展其他业务，这让 SHEIN 把女装做到了极致。

二、SHEIN 的供应链

Gartner 选择“三年加权复合营收增长率”“库存周转率”“三年加权复合资产收益率”三大指标作为其评选“全球供应链最佳实践企业”的硬性指标。同时，缺货率和滞销率也是衡量供应链计划的重要指标。

自 2017 年以来，SHEIN 实现收入快速增长，复合年均增长率约 180%。2020 年，新冠病毒感染疫情促使其线上销售爆发，SHEIN 增速高达 300%，实现营收约 100 亿美元。2021 年，SHEIN 的销售额达到约 160 亿美元，增长 60%。

SHEIN 平均每天上新 2000 个 SKU，但是存货周转天数仅为 30 多天（周转率=365/30=12.2），这对服装零售业来说是个极低的数字。作为对比，H&M 和 ZARA 周转天数远高于此；而中国出口东南亚的跨境电商备货海外仓，平均库存周转天数基本在 90 天以上。

从增长率和库存周转率来看，SHEIN 的供应链效率非常高。除此之外，有数据显示，SHEIN 押中爆款的概率高达 50%，对应的却是爆款的缺货率降低（推断应小于 10%），滞销率小于 10%。缺货率、滞销率、周转率都是衡量供应链效率的重要指标。

综上所述，SHEIN 的供应链指标表现预估如图 8-4 所示。

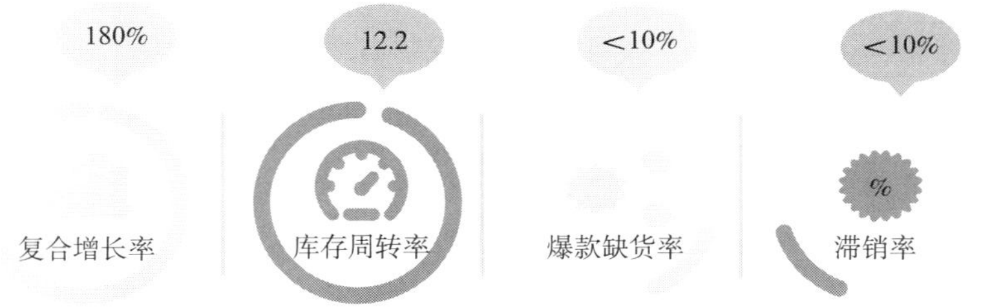

图 8-4　SHEIN 的供应链指标表现预估

三、柔性供应链的敏捷性和灵活性

供应链管理柔性，是指供应链对于需求变化的敏捷性，或者叫作“对于需求变化的适应能力”。如图 8-5 所示，供应链的敏捷性和灵活性（Supply Chain Agility and Flexibility）统称为“供应链的柔性”。

图 8-5　柔性供应链=敏捷性+灵活性

从广义上讲，供应链的敏捷性，是企业响应变化的能力，通过灵活性和响应能力提升竞争力。敏捷性是指企业在不断变化、不可预测的商业环境中有蓬勃发展的能力。简单地说，就是企业通过设计它的组织、流程和产品，使其能够在有限的时间框架内响应变化。

供应链的灵活性早期的定义局限于与制造或生产系统相关（机器、流程、路线、零件、工人等）；后来定义到整个供应链体系，包括产品研发、生产、交付和供应系统。Edmund Prater 等设计了柔性供应链模型，如图 8-6 所示。需求的不确定性和复杂性造就了外部环境的脆弱，而通过“采购+生产+交付”的灵活性和快速响应组成供应链的柔性，用于平衡外部的变化。

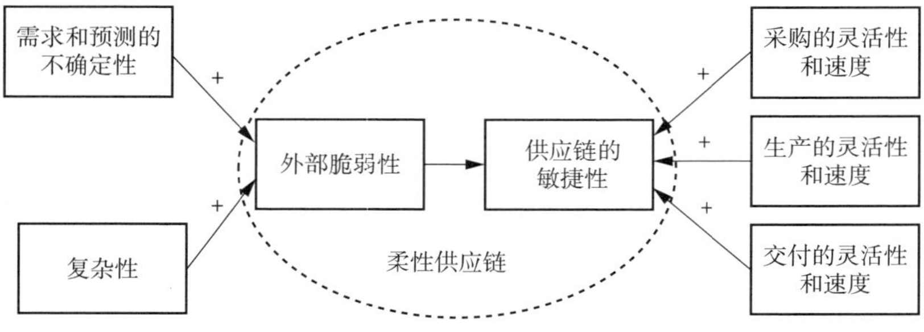

图 8-6　柔性供应链模型

资料来源：EDMUND PRATER，MARKUS BIEHL，MICHAEL ALAN SMITH. International supply chain agility - Tradeoffs between flexibility and uncertainty [EB/OL]. Available athttp：//www. emerald-library. com/ft. Page 5/17.

同样地，Eias（2020）等从市场敏感度、战略采购方面定义了柔性供应链模型，如图 8-7 所示。

供应链的柔性很重要，但是追求柔性的成本很高，不是所有产品都需要供应链柔性。产品可分为两种类型：功能性和创新性。功能性产品的特点是 PLC 相对较长、产品变化少、易使用预测需求，不太需要灵活和敏捷；而创新性产品的特点是 PLC 短、产品种类繁多、预测误差通常很高，供应链的柔性很重要，如手机等电子类商品。虽然时尚行业不能完全归为创新型，但是 SHEIN 的 SKU 繁多、季节性非常强、PLC 短，难以预测，无疑是柔性供应链的最佳匹配。那么，SHEIN 是如何做到柔性最佳实践的呢？

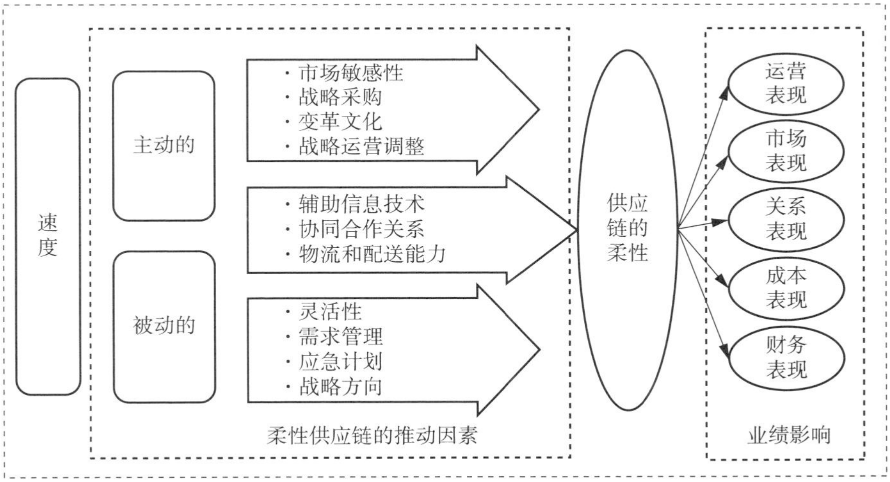

图 8-7　柔性供应链模型

资料来源：EIAS AL HUMDAN，YANGYAN SHI，MASUD BEHNIA. Supply chain agility：A systematic review of definitions，enablers and performance implications［J］. International Journal of Physical Distribution & Logistics Management，2020（4）：20，27。

可以从 5 个维度来解读 SHEIN 的柔性供应链（如图 8-8 所示）。

生产的柔性——制造业供应链的新产品导入流程简化；

采购的柔性——制造业供应链的全球采购和供应商管理；

交付的柔性——制造业和电商供应链 3 种供给模式的组合运用；

物流履约的柔性——电商供应链的逆向物流；

系统的柔性——电商供应链的数字化。

图 8-8　SHEIN 柔性供应链的 5 个维度

注：部分插图来源于 SHEIN 官网。

四、生产的柔性：制造业供应链的新产品极简导入

新产品导入（New Product Introduction，NPI），也就是产品在量产前先试产，试产达标后再交付生产线量产。

有的人认为服饰行业没有 NPI，这个说法也对，但笔者认为供应链的逻辑和底层可以运用于所有行业。

制造业上新品时都会有 NPI，NPI 库存管理的特点是“量少”。只是小批量试产（Pilot Run），试产成功后再逐步加大生产量，也就是爬坡计划（Ramp up Plan）。SHEIN 是“小单快返”的返单方式而不是大批量的订单生产。返单是指企业以极小的首单单量来测试市场，当消费侧有数据显示某款商品是“准爆款”时，企业再将该商品返到工厂侧增加生产订单。

如果去广州、厦门等有服饰产业带的“城中村”走一走，你就会发现有很多个人小作坊在做衣服，甚至连一台缝纫机都不需要，一个人一次可接几十件。仔细一看，还会发现他们做的可能并不是一件完整的衣服，有的是缝袖子，有的是衣领。这些工人接单的时间不定，有的晚上熬夜加班赶货，第二天或者第三天买家来收半成品或者成品。“小单快返”的柔性和灵活性就体现在这里，不仅可以给工厂的流水线生产，还能外包给个体户，且这些个体户做出来的质量相当不错。

制造业 NPI 流程比较复杂，经常要成立项目组，花费数月进行研发、采购和生产。SHEIN 的 NPI 可以说是一个简化版的 NPI，从设计、采购、样衣、品控、生产、仓储到物流配送一气呵成，没有太多的条条框框。SHEIN 每天上新超 2000 个 SKU，多数 SKU 不需要重新走 NPI 流程，通过共享一套流程，加速了整个进程。试产效果不好的商品在 NPI 阶段就结束了，换句话说，只有爆品才会进入爬坡生产计划。SHEIN 以庞大的 SKU 矩阵和上新速度见长，商品基本上不需要大量生产。

通过这种“小单快返”的模式，厂商从接单到送货 SHEIN 佛山仓的时间为 7~15 天，最快 3~5 天，而服饰行业平均需要 15~20 天，从而顺利实现生产环节的快速响应和柔性。

对于其他行业来说，能从中学到点什么呢？笔者认为是灵活的 NPI。制造业 NPI 流程较复杂，不管是什么类型的新品都来用同一套标准。其实可以采用两套流程：标准版和轻量版。相比标准版，轻量版 NPI 不需要走复杂的设计、研发、采购等审批流程。

五、采购的柔性：制造业的全球采购和供应商管理

SHEIN 的供给链主要分布于中国广东番禺南村镇一带，同时尝试在孟加拉国、巴基斯坦、越南和柬埔寨等国建立成本更低的供给链。

SHEIN 要求其供应商最低承接 100 件订单（ZARA 是 500 件），但是 SHEIN 主动提供工厂“小单快返”补贴资金，并承担成本高昂的样衣打板工作。

对于应付账款，SHEIN 与供应商的结算周期为 30~45 天，从不拖欠，同时要求合作供应商不能拖欠上游款项。对于规模小的厂商，SHEIN 还提供借款，让他们购买设备、厂房。2021 年底，SHEIN 拥有超过 300 家成衣供应商，至少 100 家面辅料供应商。

供应商要满足 SHEIN 的快速生产和发货要求，同时 SHEIN 扶持厂商发展壮大，两者共生共赢。SHEIN 与其合作工厂不是简单的市场合作关

系，而是半市场、半组织模式。SHEIN 供应商招募条件如表 8-2 所示。

表8-2 采购的柔性——SHEIN供应商招募条件

模块	2021年SHEIN FOB供应商招募条件	2021年SHEIN ODM供应商招募条件
订单模式	· 7~11天货期 · 小单快返：100~500件/单 · SHEIN提供纸样和样衣，工厂包工、包料	· 10~15天货期 · 小单快返：100~500件/单 · 供应商供款供货
生产品类	· 欧美/中东/主题女装、男装、童装等	· 瑜伽服、泳衣、欧美女装、童装、男装、家居服、中东礼服、钩织、毛衣、牛仔服
基本要求	· 珠三角地区优先考虑 · 工厂5S管理优先考虑 · 擅长“小单快返”的生产 · 具备营业执照、可开具增值税发票 · 工厂面积2000平方米以上、车位80个以上	· 珠三角地区优先考虑 · 工厂5S管理优先考虑 · 擅长“小单快返”的生产 · 具备营业执照、可开具增值税发票 · 工厂面积2000平方米以上、车位80个以上 · 研发生产一体（有设计部、版房）

资料来源：中泰证券研究所。

通过全球采购和生态链的共生合作，SHEIN 实现了采购环节的灵活性和快速响应。

六、交付的柔性：供应链 3 种供给模式的组合运用

制造业的 3 种供给策略，分别对应了电商的 3 种物流链路模式，具体如下。

MTS，对应电商物流的海外仓备货链路。

MTO，对应电商物流的直邮链路。

ATO，对应电商物流的中心仓备货链路。

SHEIN 在需求端是 D2C，而在供给端则将以上 3 种模式用到了极致。目前，SHEIN 在全球拥有 3 种类型仓库，分别是国内中心仓、海外运营仓、海外中转仓（退货仓）。

（1）国内中心仓。位于佛山，其全球 95%的商品发自国内中心仓，中心仓周围有几个卫星仓。SHEIN 的中心仓同时具有 MTO 和 ATO 的功能。

（2）海外运营仓。SHEIN 在中国香港、比利时、印度德里、美国东北部和西部等地设有运营仓，也就是海外仓，专门负责辐射区域的配送，占

比大概 5%。只有超级爆款能生产、备货到海外仓，也就是 MTS。

（3）海外中转仓（退货仓）。SHEIN 在全球设有多个海外中转仓，分布于沙特阿拉伯、阿联酋、意大利、澳大利亚、越南、印度尼西亚等地区。海外中转仓只负责接受消费者的退货，不发货。

有的商品只有图片，可以先在终端销售，等产生了订单再安排生产并发到佛山中心仓，这就是 MTO；有的商品需提前预热或者根据时尚风向提前准备布料和样衣，待有更明确的流行趋势和订单后，再生产成衣，这就是 ATO；个别超爆款则准备库存，这就是 MTS。

SHEIN 在美国市场主要有标准配送（Standard Shipping）和快递配送（Express Shipping）两种模式。SHEIN App 显示，消费者下单后，标准配送需16~17天，快递配送需 8~9 天，而需其他平台直邮 7~14 天。SHEIN 的履约速度和其他平台基本一致。

通过生产交付端的 MTS、MTO、ATO 3 种供给模式组合及物流交付端中心仓与海外仓的结合，SHEIN 既最大限度地降低库存风险又缩短了消费者下单后等待的时间，在降低了需求预测的不确定性和复杂性的同时，缩短了消费者时效，实现了交付环节的灵活性和柔性。

不管是制造业供应链的 3 种生产供给模式，还是电商供应链的 3 种物流链路，很多企业都可以应用。

七、物流履约的柔性：电商供应链的逆向物流

这里说的逆向物流指 B2C 逆向，也就是消费者收到包裹后退货，或者物流无法妥投等需要退货。

国内电商的退货率在 6%~8%，大促期间可以达到 10%左右，有的直播商品的退货率甚至高达 20%~30%。数据显示，美国电商的退货率大概 9.5%，而服饰类商品退货率更高，甚至远高于 9.5%，有人说是 20%~25%。SHEIN 的退货条件为 45 天内，而其竞品一般要在 7 天内退货。

所以，无论是国内电商还是海外电商，完善的退货和逆向物流服务对于消费者体验、客户留存至关重要。

受益于对仓储物流、逆向物流的重视，SHEIN 实现了逆向供应链的灵

活性，提升了消费者体验，增强了客户黏性。

八、系统的柔性：电商供应链的数字化

SHEIN 坚定地实施数字化，且在需求端（消费者、设计）和供给端（生产、采购、供应商）环节共享系统，实现供应链 4 个基础流（商业流、信息流、资金流、物流）的高效流转。

（1）在信息流共享方面，据说 SHEIN 有一套系统程序，可以收集客户的数据并与供应商共享，以帮助指导设计、产能和生产的有关决策。

（2）在商业流方面，SHEIN 是谷歌的大客户，定制了一套独特的捕捉时尚工具，通过谷歌趋势发现工具（Google Trends Finder）总结各个地域近期热度上升的关键词，用以预测不同地区短时期内的时尚风潮与审美趋势。

（3）在实物流可视化方面，SHEIN 所有的代工厂和供应商都能利用制造执行系统（Manufacutring Execution System，MES）管理，实现对每个订单各个环节实时和可视化跟踪，从而控制生产效率。

SHEIN 通过数字化，实现了供应链需求和供给的互通，减少“牛鞭效应”的影响，实现了供应链全链路（采购、生产、交付、履约）的柔性。

第三节　产业溢出，供应链的机会和挑战

2021 年上半年，越南出口贸易额超过了中国深圳，引起热议。最近关于产业带转移东南亚特别是越南的话题很多。笔者认为不是产业转移，而是“溢出”，中国仍然具有制造业优势，只是少部分低端的加工业转出去了。

一、产业溢出的 What、How、Why

产业溢出的 What、How、Why 如图 8-9 所示。

What 哪些产业溢出了	How 如何溢出的	Why 为什么溢出
·木材、家居：美国反倾销税 ·纺织、皮革、鞋帽：劳动密集型 ·消费电子：低端组装环节	·主要靠外资 ·OEM阶段 ·无ODM、OBM、D2C	·疫情交替，溢出或回流 ·中美经贸摩擦 ·越南自身优势：海运、陆运，交通便利；人口近1亿，薪资低；“两免四减半”优惠

图 8-9 产业溢出的 What、How、Why

（一）What：哪些产业溢出了

一句话，向越南溢出的是对供应链需求不高的成品加工业；同时，越南向中国进口同类商品的原材料和半成品。中国制造的优势仍然存在，越南不可能取代中国制造业大国的位置。越南出口最多的是美洲国家，进口最多的是中国。

1. 分品类来看

越南主要承接中国出口的品类：

- 纺织品类、皮革品类、鞋帽品类；
- 家具类；
- 机电产品。

2. 分阶段来看

大概分 3 个阶段。

- 第一阶段：木材及家居国内巨头早已布局。自 2005 年起，由于美国对华征收反倾销税，中国家具企业开始向越南转移布局。
- 第二阶段：纺织类劳动密集型企业大部分已转移。自 2010 年起，中国服装纺织类企业向越南转移的效应逐步凸显。
- 第三阶段：消费电子企业低端组装环节逐步转移。自 2018 年起，中国消费电子企业向越南转移的效应日益明显。

这些商品对供应链集成需求不高，属于典型的低端“三来一补”产业（来料加工、来样加工、来件装配和补偿贸易）。在原材料方面，越南纺织业90%的纱线、80%的布料依靠进口，超过70%的卡车组装和制造企业的主要零部件依赖中国，智能手机零部件30%来自中国。

（二）How：如何溢出的

从进出口大数据来看，现在主要是外资在越南投资建厂生产。越南本国的生产力比较薄弱，出口多进口也多，非常依赖其他国家的产业链，从其他国家进口大量配件，再利用越南廉价的土地、人力、税收成本做组装。

所以，越南的制造业看似繁荣实则很有局限性，主要靠外资，缺少本土的品牌和企业，更没有中国珠三角、长三角一样成熟的供应链和产业链。

越南目前处于原始设备制造商（Original Equipment Manufacturer，OEM）即贴牌或者授权贴牌的代加工阶段，离原始设计制造商（Original Design Manufacturer，ODM）即贴牌阶段尚有差距；也没什么原始品牌制造商（Original Brand Manufacturer，OBM）即代工厂经营自有品牌；而中国的跨境电商已经进入直接面向消费者（Direct to Consume，D2C）阶段，越南则刚入门。

（三）Why：为什么溢出

产业溢出主要有3个方面的原因。

1. 短期，受疫情影响，中越进出口呈交替上升趋势

- 2020年下半年，美国在财政刺激下，自中越进口份额均有提升，其中，中国更为明显。
- 2021年第三季度，德尔塔毒株在越南扩散，出口订单回流中国明显。
- 2022年3月，国内本土疫情多点多面散发，越南外贸表现亮眼。

2. 经贸摩擦，大国博弈

- 自2005年起，美国对华征收反倾销税，中国家具企业开始向越南转移。
- 特朗普时期，中美经贸摩擦，美对华加征关税，更多加工业外流。

3. 相对优势

- 尽管越南产业链不完整，但其靠海，成品出口美国便利。除了有海

港外，越南还与中国广西交界，越南缺少什么零件，可以直接去中国珠三角地区采购，无论是通过广西凭祥口岸陆运还是海运都比较方便。

• 越南人口 1 亿左右，出生率较高。相比中国的人口年龄中位数 38 岁，东南亚人口年龄中位数大概 27 岁。越南普通劳动者工资在 700 万～1200 万越南盾，相当于 2000～3400 元人民币。

• 当下越南处于工业化初始阶段，跟 30 年前中国相似，税收、监管等政策优惠较多。主要有“两免四减半”优惠，即外来的企业前两年不用交税，后 4 年只用交一半。除此之外，企业女性员工达到一定数量，可以减征等同于为女性员工额外支出费用的企业所得税税额；雇用少数民族员工，可减征等同于为少数民族员工额外支付的费用等。这种优惠对于十分看重人工、土地、税收成本的低端制造业吸引力很大，所以珠三角地区的一些鞋厂，开始往越南迁移。

分析完产业溢出，我们可从物流基础设施、计划供应链、物流供应链 3 个方面讲一讲供应链和物流的机会与挑战，如图 8-10 所示。

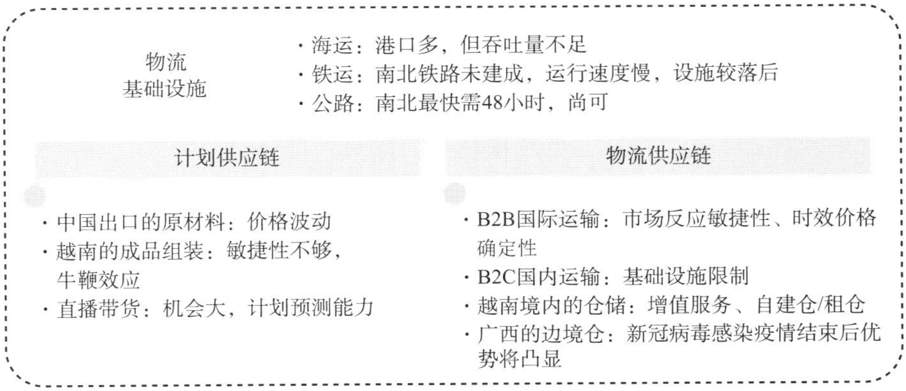

图 8-10 产业溢出——供应链和物流的机会与挑战

二、越南物流基础设施

越南地理位置优越，有 30 个港口，其中，主要港口 11 个。岘港、海防港、盖梅港、胡志明卡莱、胡志明新港、胡志明港、富隆港、归仁，都是比较大的港口。

越南的物流业高速增长，有巨大的发展潜力。但是，越南对物流基础设施的投资有限，预计在未来相当长的时间里越南的物流成本依旧很高，行业竞争力有限。

在国际海运方面。据越南海事局统计，2021 年，越南全国的港口吞吐量为 2500 万标准箱；而中国深圳同期完成的吞吐量为 2877 万标准箱，同比增长 8.4%，并继续位居全球第四大港口。深圳港全年国际班轮航线达到 302 条，比 2020 年底增加了 61 条，且全年累计增开了 728 条加班货轮。越南无一港口拥有类似深圳港的实力，就是 2021 年表现抢眼的胡志明港和海防港，其吞吐量也刚刚分别突破 600 万标准箱和 100 万标准箱，同比增长均为 8%。如果没有大笔投入，这两个港口运能将遇瓶颈。

在公路和铁路运输方面。越南现有一条南北铁路，全长 1726 公里，时速 50 公里，河内到胡志明之间的火车单程旅行时间仍需要 29 个小时，平均时速不到 60 公里。越南高速公路尚可，运输量达到了现有铁路的 20 倍，还有上升的空间。越南现在公路运输最快 48 小时可以贯穿南北，海运则一般要 7 天时间。

相比越南，截至 2021 年底，我国高速公路总里程达 16.10 万公里，位居世界第一，可绕地球 4 圈。①

综合所述，虽然越南海港位置优越，但是其物流基础设施较薄弱，滞后于高速发展的商业，制约了其供应链和物流的发展。

三、计划供应链的机会与挑战

从原材料、半成品、成品组装到直播带货，对计划供应链来说，机会与挑战并存；同时需求更多 PMC 方面的供应链人才。

（一）中国出口的原材料

向越南转移的纺织品、家具、消费电子产业的原材料主要从中国进口。

纺织品主要有纤维和棉麻，尼龙、涤纶、锦纶、维纶等，都属于合成

① 数据来自：韩秀云讲经济，2022-06-13。

纤维，而纤维顶端原材料是石油。自 2020 年暴发新冠病毒感染疫情以来，石油经历了多次过山车式波动，而这些变化无法预判。对于中国原材料供应商来说，涨价导致买家和需求减少，需求减少的结果是原材料供大于求；供给过剩又导致价格下跌，结果可能是高买低抛。提前囤货同样面临资金压力和价格变化的风险。

（二）成品组装

对于把生产线设在越南的中国企业来讲，有了更多降本的机会，且可以在越南开展国际贸易。

越南原材料基本依赖中国，像消费电子类商品，部分原材料并不通用，有的原材料需要组装成半成品且不通用。如果在中国组装，即使成品订单需求的变动导致特殊原材料多备，也可以通过其他渠道消耗（因为有完善的产业链）。但是越南的产业链不完整，需求变化的“牛鞭效应”一直存在，已经出口的商品不容易退回；同时疫情使中国到越南的陆运（经广西凭祥口岸）时间变长，一旦上游需求变化，无法敏捷反应，就有增加滞销库存的风险。

（三）直播带货

越南人口平均年龄较年轻，网络普及率高，TikTok 在越南很受欢迎，很多电商通过 TikTok 进行站外引流。直播带货在东南亚包括越南预计未来 1~3年会高速增长。直播带货的取消率高，对时效和体验的要求也高，对于计划供应链的需求预测能力有较高要求。当然，国内的直播经验可以复制。

四、物流供应链的机会与挑战

对于物流供应链来说，机会更多，同时需要较强的专业能力。

（一）国际与国内 B2B 运输

物流跟着商流走，商品流通在哪里，物流就在哪里。国际 B2B 运输机会有两个：中国到越南的物流运输，包括海运和陆运；越南到国际市场的物流方案。

虽然物流的商机多，但要做起来并不容易。要抓住商机，就要具有专业性、市场反应的敏捷性、服务的确定性。

（1）中国到越南的陆运。广西凭祥口岸的通关数字化做得很不错，在新冠病毒感染疫情期间已有一整套完善的 S&OP，相比 2020 年疫情刚开始时的好几天时效，现在基本上 1 天就可以完成。通关放行顺序是属地企业最先，其次是鲜活和防疫品，最后是外地企业。因此，如果是外地企业，其排队通关时效还是慢一些。

（2）国际海运。亚洲到美洲线路的运输时间较长，对专业有更高的要求。主要是对市场变化反应的敏捷性和服务的确定性，而确定性又包括了时效和价格的确定。

①市场变化反应的敏捷性。比如，中国与越南新冠病毒感染疫情期间的交替发展，导致生产回流中国或者溢出越南。当越南的待运货量大时，港口拥挤价格上涨，特别是签订了长期合同的货柜，拿不到货柜订不到仓，怎么办？所以不能等到出现问题再做解决方案，要提前做好规划，这就是物流供应链的敏捷性。

②确定性。多数时候国际运输时效不求快，也不求价格低，而要求“稳”，这就是确定性。特别是一些季节性商品，如圣诞周边品类等，都是提前收到订单安排采购生产，包括要提前谈好物流的运输合同，而实际运输却是在半年后。特别是在 CIF 条款下，物流的成本变动对于订单利润影响大。

挑战主要在于越南的物流基础设施不够完善。在 B2C 国内运输方面，很多中国电商已经做到当日达、3 日达，但在越南要做到极致的消费者体验还是很困难。在 B2B 国际运输方面，囿于海港的吞吐量，也要做好相应的预案。

（二）越南境内的仓储

现在有很多企业在越南建仓，建仓不是建一个可以简单存货的仓，需要具有存储、B2B 调拨、B2C 配送功能，还要有更多增值服务如贴标等。

越南的电商和直播预计会高速发展，电商的仓储，还有进口原材料、出口成品都有仓储物流服务需求。只是做仓储需要考虑自建仓的投入产出，或者租仓成本。更重要的是，越南的仓储服务需要提供“一盘货”功能。

（三）中国广西的边境仓

新冠病毒感染疫情期间，中国广西凭祥到越南的铁路运输没有完全恢复。公路运输需要经过排队、隔离、消杀等流程，等待和通关时间长。这样看起来，广西边境发越南相比广州发越南在时效上并没有太大区别，广西南宁的边境仓（南宁到凭祥口岸大概 3.5 个小时），可能没有什么优势。但是随着疫情的控制，凭祥口岸的时效必然有很大提升，同时广西壮族自治区政府大力扶持边境仓和跨境电商，对于产业带在长三角一带的企业和产品，凭祥口岸的优势将会凸显。在广西建边境仓，时效更快、成本更低。

第四节　“一盘货”：东南亚电商最需要的供应链服务

随着东南亚电商市场蓬勃发展，“一盘货”成为目前这个市场最需要的供应链和物流服务。东南亚电商“一盘货”框架如图 8-11 所示。

1. 什么是“一盘货”	2. 为什么“一盘货”	3. 为什么东南亚电商最需要“一盘货”	4. 东南亚各类企业如何应用“一盘货”
▪ “一盘货”发展：经销商→多盘货→“一盘货” ▪ “一盘货”类型：品牌、平台、供应链物流“一盘货” ▪ “一盘货”两个核心：物理层面、库存层面	▪ 社会资源共享和最大利用 ▪ 减少“牛鞭效应”，降低信息流通成本 ▪ 降低库存成本和运营成本	▪ 市场多渠道蓬勃：多平台、多店铺、线上与线下、本地与跨境，多渠道 ▪ 商品结构完善：品类繁多、价格便宜、长尾品多、成本敏感 ▪ 各类卖家画像：国际大牌、国货和中小品牌，大卖家、杂货店、中小卖家	▪ 电商平台自有物流 ▪ 社会物流服务商服务 · 大型成熟物流商 · 既是电商卖家又是物流服务商 · 中小物流服务商 ▪ 不同电商卖家如何选择

图 8-11　东南亚电商“一盘货”框架

一、什么是“一盘货”

“一盘货”也可以称为“库存共享”，也就是商品在同一个物理仓，通过系统打通（主要是库存、订单和物流信息），实现同一个 SKU 在线上、线下，B2B、B2C，多渠道、多平台、多店铺共享库存。“一盘货”既可以是全链路也就是从生产端开始，也可以只在仓储物流端。

（一）“一盘货”的发展阶段

随着零售渠道的迭代，品牌商供应链管理大致经历了 3 个阶段。

（1）经销商库存管理。经销商库存管理流程大致为“工厂—CDC—分销商仓库—经销商仓库—门店—消费者”，每一次分销都意味着增加一次流通成本，其仍然是目前最主要的流通渠道。

（2）多盘货管理阶段。随着电商的发展和渠道的增加，企业通过增加相应的销售团队和供应链物流团队，不同体系和组织分别执行不同渠道，库存也实行切割管理。

（3）“一盘货”管理阶段。随着零售变革走向深水区，线上渠道多元化，并进行线上、线下融合，海量商品需求和多元零售、分销场景覆盖成为趋势。多盘货管理必然增加运营成本，“一盘货”应运而生。

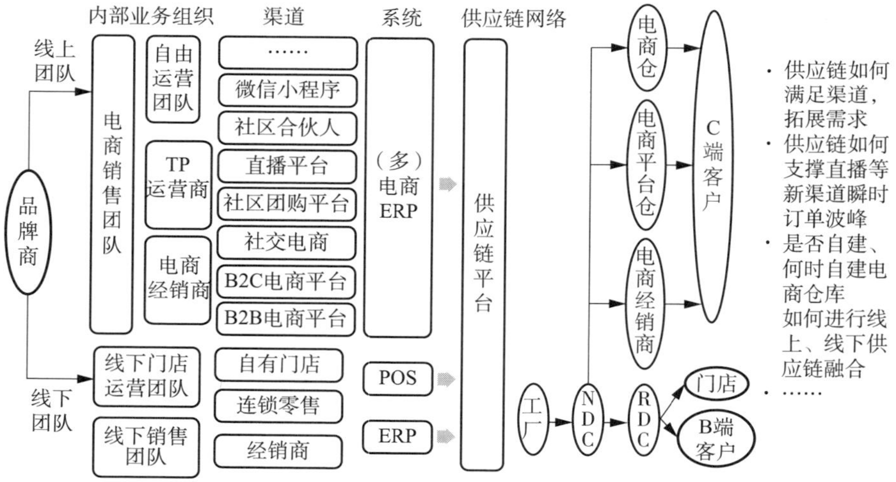

图 8-12　全渠道时代的“一盘货”管理模式

资料来源：潘永刚，吴幂．供应链履约力［M］．北京：中国经济出版社，2022：37.

（二）“一盘货”的类型

（1）基于不同角色主导，“一盘货”有 3 种类型。

- 品牌“一盘货”。品牌自己进行全渠道统一管理，深度协同仓网，进行 B2B 或 B2C 一体化交付。其代表有美的、九阳等家电品牌。

- 平台“一盘货”。零售型平台基于多品牌、渠道整合优势，面向终端 B2C 消费者提供订单履约与交付，具备集货、分拣、再包装及交付能力。其代表有京东、美团优选等电商平台。

- 供应链物流“一盘货”。供应链物流企业依托区域多服务场景、生态整合能力，协同多客户订单需求，形成云仓网络与服务能力，提供包括一件代发、仓储、物流、履约等“一盘货”服务。其既面向 B2C 终端消费者，也面向线下与线上的各类 B2B 企业。

（2）基于电商卖家的角度，为了共享库存，“一盘货”有两种类型。

- 多店铺“一盘货”。同一个 SKU 在所有店铺库存链接上显示同增同减。全面铺货、营运多个店铺的卖家对此有强烈的需求。

- 多渠道“一盘货”。线上线下、跨境和本地、跨境和大贸、B2B 和 B2C 以及不同平台，甚至是所有这些组合共享库存，也就是在多个不同销售渠道实现“一盘货”。

（三）“一盘货”的两个核心

不论何种类型的“一盘货”，都有两个核心。

（1）物理层面的“一盘货”，指将货物集中到一个物理仓，可从同一个物理位置发往不同渠道的不同地点，既有 B2B 也有 B2C。

（2）库存层面的“一盘货”，指同一个 SKU 可以共享所有的实物库存，系统层面可以打通销售、库存和物流信息，实现实物和数据的共享。库存层面“一盘货”还可以再分为以下两类。

- 系统可以实现“一盘货”分货，也就是可以根据销售和库存变化，系统上实现所有渠道库存的同增同减。

- 系统实现不了分货，线下分货。卖家根据各渠道销售情况进行库存分配，通过卖家在系统创建出库单和入库单以及在物流仓进行库位转移来实现。

二、为什么“一盘货”

“一盘货”既可以降低商品的库存成本和流通成本，也可以整合与共享供应链和物流资源，最大化利用社会资源。

（一）共享和最大化利用社会资源

物流是基础设施，整个社会只有那么多资源，这个地方用多了，那个地方肯定就少了。在精细化运营阶段，降本和提效两个目标可以说是相悖的。例如，要做半小时达、半日达、1日达，必然要在商品未集齐的情况下增加波次、分拨、人员和车辆等，从而增加成本。在“一盘货”情况下，可以集合多个渠道的订单，不仅降低了商品的单位流通和物流成本，而且最大化地利用了社会资源。

（二）减少“牛鞭效应”，降低信息流通成本

“牛鞭效应”难以彻底消除，特别是在“工厂—CDC—分销商仓库—经销商仓库—门店—消费者”这样的经销商库存管理阶段，需求是经“消费者—门店—经销商仓库—分销商仓库—CDC—工厂”反向推算的。在一层一层传递过程中，必然被层层扭曲放大，最终的预测销量无法准确。

在电商场景下，“一盘货”模式的信息流通渠道为“消费者—平台、品牌或者物流服务商—工厂”，POS销售信息可以利用电商的技术优势，通过OMS与WMS同步流转同时传递给工厂，减少了中间多个流通环节，降低了“牛鞭效应”的影响。

（三）降低库存成本和运营成本

对于企业来说，降低运营成本和库存成本是其主要目标。在多盘货管理阶段，企业不仅需要通过多个团队运营，还需要多备货。采用“一盘货”，只需要一个大团队，可以极大地精简组织。

库存成本是最大的成本，特别是在开展国际贸易和国际电商业务情况下，国际运输要分批运输，要备多个安全库存，销售变动易导致库存冗余或者缺货，各渠道之间无法快速调拨。“一盘货”，只需备一批安全库存，

即可实现各渠道线上、线下的快速调货，降低库存和物流成本。

三、为什么东南亚电商需要“一盘货”

目前，东南亚电商正处在高速发展阶段，商流和物流百家争鸣。无论是东南亚市场的发展情况，还是商品结构，抑或是卖家类型，都很适合应用“一盘货”，且最需要“一盘货”。

（一）东南亚电商市场情况

（1）多电商平台并存。东南亚市场电商平台群雄逐鹿，尚没有出现占绝对主导地位的平台。

（2）既有本地店也有跨境店。有很多中国企业进军东南亚市场，有的开跨境店，有的开本地店。东南亚各国政策差异较大，比如，印度尼西亚自2021年开始不支持跨境，所以大家都发展本地店。但是在东南亚其他国家则既有本地店也有跨境店。此外，一些大卖家为了铺货，同时运营多个店铺。

（3）线上与线下并行。根据贝恩咨询发布的数据，2021年东南亚电子商务仅占零售总额的9%（中国大概为35%），但同比增长高达85%。因此，东南亚市场以线下业务为主，线上业务高速增长，电商有很大上升空间。

（4）多渠道销售。东南亚地区经济整体发展水平（新加坡除外）大概相当于10年前的中国，小镇市场、批发零售、大中小品牌经销与分销等多业态并存，渠道众多。

多平台、多店铺、线上与线下融合、本地与跨境并立、多渠道发展，这正是“一盘货”最适合的业务场景。

（二）东南亚电商的商品结构

目前，东南亚地区居民日常消费水平不高，但商品结构较完整，只是价格偏低。

快消品、电子配件、时尚单品在5美元左右，家居类10美元左右，20美元以上的有锅具和户外用品等，上百美元的基本是手机、平板类电子产品。比如，印度尼西亚卖得最好的电视是40~60美元的30英寸电视，而中国是60英寸。相比中国进口保税仓商品平均件单价20美元左右，目前在东南亚市场售卖的很多是来自中国义乌的小商品。

虽然东南亚地区人口较多且在上升，但是购买力毕竟不如中国，虽然有爆款，但是很难像中国一样频繁地出现单品超级爆款。对于超级爆品来说，多渠道、多盘货没有问题，但是对于东南亚市场SKU种类繁多，且大多数属于中腰部品和长尾品这种情况就不太合适。

东南亚市场的商品结构完善，但是价格低、SKU多、长尾品多，市场对成本看得很重，因而多盘货备货这种增加了商品成本的模式并不适合。

（三）卖家画像

表8-3展示了东南亚电商卖家画像。

表8-3　东南亚电商卖家画像

卖家分类	价格定位	电子商务模式	线上开店类型	线下开店类型	生产地	采购地	是否多平台	是否有分销	是否有经销	是否需“一盘货”	“一盘货”主要需求
国际大品牌	高	B2B2C+B2B2B	本地店	本地实体店	全球、本地	全球、本地	Y	Y/N	Y	Y	·国际运输 ·本地仓储和运输 ·共享库存：线上、线下，多平台
中国民族品牌、中小品牌	中	B2B2C+B2B2B	本地店+跨境店	本地实体店	中国、本地	中国、本地	Y	Y	Y	Y	·国际运输 ·本地仓储和运输 ·共享库存：线上、线下，多平台，本地店与跨境店
大卖家、杂货店	中等偏低	B2B2C+B2B2B	本地店+跨境店	暂无	中国	中国	Y	Y	N	Y	·国际运输 ·本地仓储和运输 ·共享库存：多店铺，多平台，本地店与跨境店

续表

卖家分类	价格定位	电子商务模式	线上开店类型	线下开店类型	生产地	采购地	是否多平台	是否有分销	是否有经销	是否需“一盘货”	“一盘货”主要需求
中小卖家	低	B2B2C	本地店+跨境店	暂无	中国	中国	Y	N	N	Y	· 国际运输 · 本地仓储和运输 · 共享库存：多平台，本地店与跨境店

国际大品牌，价格较高。国际大牌为全球定价，所以和中国市场相差不大。线下专柜和线上电商都有，线上、线下基本是本地店，本地生产或者全球采购。

中国民族品牌和中小品牌，价格中等。这些品牌一般先从跨境电商开始，一段时间后转到本地电商，并开线下店铺和分销。线上基本是本地店和跨境店，线下本地店，在中国生产和采购，或者在本地开设工厂生产，也有本地经销。一些在本地受到保护的商品除外，如印度尼西亚的服饰类。

大卖家、杂货店，价格中等偏低。大卖家就是一个人开几家、十几家甚至上百家店铺，同一个 SKU 多店上链接冲销量。其销售的商品各种各样，有的价格较高，但大多价格较低。线上基本是本地店和跨境店，在中国生产和采购，也进行分销。

中小卖家，价格低。东南亚市场很多卖家是这种类型，线上基本是本地店和跨境店，在中国生产和采购。

在销售渠道上，东南亚电商市场卖家会同时在多个电商平台开店。各类卖家基本都是线上、线下多渠道销售，有“一盘货”共享库存的需要。

四、各类企业如何应用“一盘货”

无论从东南亚电商市场总体情况、商品结构来看，还是从卖家类型来看，都很适合做“一盘货”。商业遍地开花，物流蓬勃发展，各类大、中、小物流服务商都在东南亚地区拿地租仓，正是做“一盘货”的时候。

那么，东南亚地区各类企业是如何通过“一盘货”，降本增收的呢？

（一）电商平台自有物流

大的电商平台或者有自己的物流体系，或者正在大力布局和发展自有物流。从最大化利用社会物流资源的角度来看，平台自有物流也可以做“一盘货”，只是没有哪个平台愿意把自己的订单信息送给竞争对手。不过自有平台物流至少可以上卖家的本地店和跨境店做库存共享。

（二）社会物流服务商

社会物流服务商是指提供国际头程、本地仓储和运输等服务的物流商，可以分成3类。

一是大型成熟物流服务商。其有成熟的物流系统，可以提供从国际头程到本地的全链路“一揽子”物流服务，基本是正规清关、阳光通道。东南亚各国政策不一且复杂，这类物流商服务的对象是不那么在乎价格的品牌商，需要正规清关或者有上市需求的大中型卖家。

二是既是电商卖家又是物流服务商。目前，在东南亚这类企业很多。这类企业在商业上一般有较强的低价拿货能力，同时会做分销。先发展商流，在降低成本的同时看到了东南亚市场的潜力，开始发展物流。这类企业有较强的灵活性，可以提供一些大型物流商做不了的服务。其服务对象是自己以及分销渠道的卖家。同时，其可以利用与电商平台的黏性，成为平台的3PL，与平台进行系统对接，成为平台卖家的物流服务提供者。

三是中小物流服务商。这类企业比较灵活，价格较低。其服务对象是中小卖家，同时积极成为电商平台的3PL并进行系统对接，为其争取更多的客户。

（三）不同电商卖家如何选择“一盘货”物流商

首先，是看各类物流商是否具有“一盘货”能力，也就是要看“一盘货”的两个核心：物流层面和库存层面的“一盘货”能力。其次，是结合自身情况，看哪一类物流服务商更适合。表8-4展示了物流服务和库存共享的矩阵，供电商卖家选择“一盘货”服务时参考。

表 8-4　“一盘货”矩阵：东南亚卖家选择参考

物流和库存服务		电商平台：自有物流	3种社会物流商：大型的成熟物流服务商	3种社会物流商：既是电商卖家又是物流服务商	3种社会物流商：中小物流服务商	卖家自建：品牌工厂或仓库
提供的物流服务	国际头程	×	√	×	×	×
	仓储：自建仓	√	√	√	√	√
	仓储：租仓	√	√	√	√	√
	B2B 调拨/分销/运输	×	√	√	√/×	√
	B2C 末端配送	√	√	×	×	×
可实现的库存共享	多平台	×	√	√	√	√
	多店铺	√	√	√	√	×
	本地店、跨境店	√/×	√	√	√	√
	线上、线下	×	√	√	√	√
是否成为平台的 3PL	OMS 对接	N/A	√	√	√	√
	WMS 对接	N/A	√	√	√	×

（1）品牌型卖家。有的卖家在本地建厂自然有仓库，有的卖家虽没有工厂但是有自建仓储，自己做“一盘货”的各渠道库存共享即可。同时，某些平台在销量较大的情况下，卖家可以和平台进行 OMS、WMS 订单与物流信息对接，享受平台的商品打标等权益。如果没有自建仓，不建议自行租仓，而是利用平台自有物流、平台 3PL 或者社会物流。

（2）大卖家、杂货店。现在有很多大卖家自己租仓或者建仓。如果只为自身服务并不建议建仓，除非可以向其他客户提供物流服务。因为大卖家的货比较杂，长尾品较多，使用平台自有物流无法多渠道、多平台共享库存，容易滞销（除爆品和超爆品之外）。鉴于此，可以选择平台的 3PL，实现库存共享。

（3）中小卖家。中小卖家一般没有自建仓，也没有租仓，对成本较敏感，可以优先选择中小物流服务商，或是选择电商平台的自有物流或者 3PL。